東北史論

——過去は未来に還元する——

河西英通 著

有志舎

東北史論

——過去は未来に還元する——

【目次】

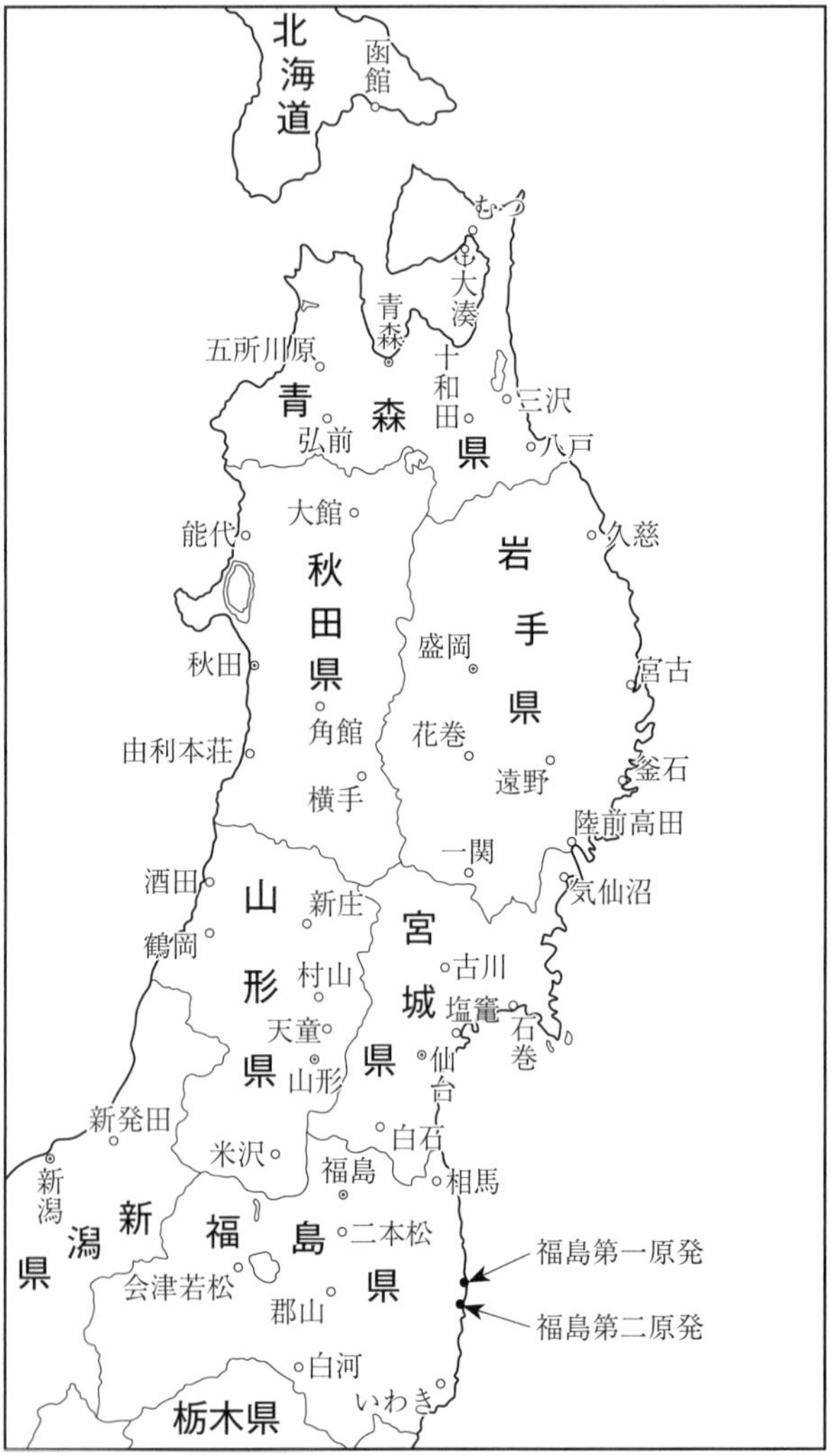
北海道
函館
むつ
大湊
青森
五所川原
十和田
三沢
青森県
弘前
八戸
大館
能代
久慈
秋田県
岩手県
盛岡
秋田
宮古
角館
花巻
遠野
釜石
由利本荘
横手
陸前高田
一関
酒田
気仙沼
山形県
新庄
宮城県
鶴岡
古川
村山
塩竈
石巻
天童
仙台
山形
新発田
白石
米沢
福島
相馬
新潟
新潟県
福島県
二本松
福島第一原発
会津若松
郡山
福島第二原発
白河
いわき
栃木県

東北地方の地図

序章　東北史とはなにか

第一節　東北史の射程と課題

二〇一一年三月一一日（金曜日）午後二時四六分、宮城県牡鹿《おしか》半島沖を震源とするマグニチュード九・〇の巨大地震、東日本大震災がおこった。その時震源地から遠く離れていたため、直接の被害を免れた者も、やがて〈日本沈没〉の恐怖に襲われることになる。翌一二日以降東京電力福島第一原子力発電所で水素爆発が起こった。ある地震学者は「技術を過信し、自然を侮り、杜撰な計画で大自然に無謀な挑戦を仕掛けた日本人が、当然の帰結として受けた『敗戦』という歴史的事件」と指弾している（石橋克彦「史料地震学と原発震災」『歴史評論』七五〇号、二〇一二年）。東日本大震災は八六九年の貞観《じょうがん》地震・津波以来、一一四二年ぶりに起った巨大震災であったが、単なる天災ではなく、このクニの近現代史が生み出した必然的な人災でもあった。

「天災と人災の十字砲火」(第三章参照)と呼ぶべきであろうか。

震災直後、「日本国中にて古来大震災のなかりし所とては東北を措《お》いて他に之《こ》れなかるべし」という言葉を想起した。百年以上前の一九〇六年に刊行された『将来之東北』(復刻版、モノグラム社、一九七七年)の一節である。著者の半谷清寿《はんがいせいじゅ》は太平洋に面した福島県小高《おだか》町、現在の南相馬市で養蚕業などを営み、のち富岡町に移り住む。実業家で衆議院議員を三期務めた。爆発事件を起こした東電福島第一原発は南相馬市と富岡町の中間、大熊町・双葉町に位置する。半谷は「東北は日本国中に於て震災の憂なき所」であり、相馬地方は「其の地層を見るに開闢《かいびゃく》以来殆んど大なる地動の起りし痕跡を認めず」と高い安全性を信じていた。一世紀後に世界を揺るがす巨大災害が起こるとは夢にも思わなかったことだろう。

日本列島は未曽有の大震災を体験し、今後さらに首都圏や東海道メガロポリスを直撃する地震・津波が予測されている。はたしてこの列島は安住の地たりうるのか。

日本列島がこの危険プレート海域から逃れることは現実的にできない。私たちはあらためて東アジアの歴史と社会の一員としてここで生き抜く覚悟が求められている。しかし、問われているのは、はたして、〈私たち〉はいかなる意味で〈私たち〉たりうるだろうか、という問題ではなかろうか。東日本大震災が明らかにした最も重要な事実とは、〈日本〉の歴史的一体性は虚構・

幻想ではなかったかということであった。すなわち、この日本列島における南北問題＝東北差別であり、〈私たち〉の分断と対立であった。

首都圏および関東圏に電力を供給する東京電力の原発は、事業地域外の福島県の一隅に置かれていた（いわゆる「管外発電所」、世界最大規模の東電柏崎刈羽《かりわ》原発も東北電力エリアの新潟県に置かれている）。また北東北の下北半島には東通《ひがしどおり》原発・大間原発・核燃料サイクル施設・使用済燃料中間貯蔵施設など原子力関連施設が多数集中している。まさに東北は「原発植民地」として存在している。[*1]

いったい東北はだれのため、どこのための地域なのか。社会学は一九八〇年前後から「受苦圏」という概念（反対概念は「受益圏」）を提示してきたが、今回の原発事件によって「国の犠牲区域（National Sacrifice Zone）」（石山徳子「原子力発電と差別の再生産―ミネソタ州プレイリー・アイランド原子力発電所と先住民―」『歴史学研究』八八四号、二〇一一年、同『「犠牲区域」のアメリカ　核開発と先住民族』岩波書店、二〇二〇年）としての東北の姿が明確になった。そして振り返るならば、すでに東北は震災以前に第一次産業の衰退と地域社会の崩壊の進行をみていた。東北は犠牲を強要される一方、日本社会の機全不能を「先取り」するゾーンであった。その意味で、つとに指摘されているように、「三・一一」以前に東北は人工的政策的な大震災に襲われていたといえよう。

「日本」とか「日本人」とかいう集合性や統一性は「国難」と称されるナショナルな危機の下で一挙に醸成（あるいはナショナルな〈危機〉に向けて徐々に醸成）されるが、逆に言うならば、このクニは平時においてきわめて多種多様で分裂的な姿態をしており、平等性や一体性よりも差別性や格差が明確に表現されている社会である（沖縄問題、アイヌ問題、在日外国人問題などを見よ）。常日頃、私たちは国際関係論に敏感であるが、それ以上に「国内関係論」を注視すべきではなかろうか。「三・一一」はそのことをあらためて私たちに教えてくれた。「国内関係論」を考えるとき、戦後の日本史研究において地域とはどのように論じられてきたか、まずそれを見ていきたい。

第二節　地域史研究の系譜

大筋では戦前の郷土史（一九二〇年、郷土会結成）が戦後の地方史（一九五〇年、地方史研究協議会結成）に移り、さらに地域史へと展開するが、代表的な講座物を通じて、地域史の軌跡を追ってみよう。

『岩波講座日本歴史』は戦前の一九三三年から三五年にかけて全一一巻が出ている（第一次）。戦後では四期にわたって刊行されている。一九六二年から六四年の全二三巻（第二次）、一九七五年から七七年の全二六巻（第三次）、一九九三年から九六年の『岩波講座日本通史』と題する全二五巻（第四次）、二〇一三年から一五年の全二二巻（第五次）である。また、東京大学出版会からは一九七〇年から七一年に『講座日本史』全一〇巻、一九八四年から八五年に『講座日本歴史』全一三巻、二〇〇四年から五年に『日本史講座』全一〇巻が刊行されている。

『岩波講座日本歴史』のなかで地域史を真正面から取り上げているのは、①第三次『別巻二・日本史研究の方法』の塚本学「地域史研究の課題」、②第四次『別巻二・地域史研究の現状と課題』、③第五次『テーマ巻一・地域論』の三点だが、中でも①の塚本論文が画期的である。

一九七〇年代半ばまで権威的な講座物で地方史や地域史は論ぜられなかったが、それには理由がある。地方史や地域史が中央史や全国史の従属的存在と見られていたからである。この点について、近世史家の芳賀登は七二年刊行の『地方史の思想』（ＮＨＫブックス）で、「多くの地方史家は『地域的実証』につとめることによって地方史研究に意義あらしめたのであったが、なかには一般史の史実を地方において検証するがごとき研究がさかんになるに至った。このような研究は、中央史の下うけであって、『地域的実証』そのものの価値をなくさせるものでしかなかった。これはある意味で『地域的実証』と称しながら、たんに場所をかりるがごとき研究をするものが多く、固有名詞のもつ固有の意味をたずねることもしない研究が多くなってしまったためである」と述べている。

中央史に対する地方史の従属性のなかにあって、例外的な地域があった。七二年に「本土復帰」する沖縄である。近代史家の遠山茂樹は「日本近代史における沖縄の位置」(『歴史学研究』三八二号、一九七二年、『遠山茂樹著作集四』岩波書店、一九九二年)において、「沖縄県の歴史は、青森県の歴史と同列ではない。たんなる地方史ではない」と述べ、「新しい視野」は沖縄史から開かれるのだと「本土の歴史研究者の歴史観の質」を問うた。当時は「本土」史の一体性が自明視されていた。中世史家の永原慶二が「もとより日本の歴史を通観すれば、いわゆる『一国的なまとまり』が明瞭であり、前近代史を通じて、共通の人種・国土・言語の上にひとつの歴史がくりひろげられてきたことは事実」であると述べたのは七〇年のことである(「国家的集中と『近代化』—日本国家史ノート—」『現代と思想』二号)。その一体性との対比で沖縄史の特異性が指摘されたのである。

では塚本論文の画期性とは何であっただろう。塚本は郷土史の系譜を八世紀の『風土記』の編纂から説きおこし、郷土史は主体・主張・一体・尚古《しょうこ》をキーワードに、近代化の過程で拡大する都鄙《とひ》格差を背景に形成されたと論ずる。郷土史と地方史の違いは何か。塚本は三〇年の郷土教育聯盟機関誌『郷土』創刊号に掲載された土屋喬雄「地方史家と中央史家との結合に就て」にそれを見出す。経済学者の土屋は郷土史を「或る土地の人の手に成るその土地の歴史」、地方史を「他の土地の人が何等かの必要から或る土地について試みた史的研究」ととらえ、両者をあわせて広義の地方史とした。

この視点から、塚本は五〇年の地方史研究協議会（および関東地方史研究会）の発足を、「地縁的な共同体の歴史を、その共同体維持願望に支えられつつ、共同体成員によってえがき出すことをめざす郷土史」から、「地縁的な共同体を客体化し、共同体成員以外のものによる研究をもふくめて、その歴史を検討しようとする」地方史への移行と位置づけた（ただし、こうした移行はマジョリティ史に適用することであり、マイノリティ史はこの限りではない）。

重要な点は、共同体の「客体化」であり、研究主体の多元化ということであろう。それは何か。塚本は五二年の地方史研究協議会編『地方史研究必携』（岩波書店）「序章」の「日本史を精確に把握する」こと、「日本史学界全体にとって最も重点的な問題としているものを各地域において検証すること」という箇所に注目し、地方史研究者は「『おくれた農村』の分析」や西欧社会をスタンダードとして「日本社会の後進性」を云々することに重点を置き、「その地特有の問題」を見てこなかったと批判する。ついでそうした情況が地方史研究者に促した反省の一例として、七〇年の『郷土史研究講座』（朝倉書店）「刊行のことば」の一節、「あらためて各郷土の人となりきったつもりで、日本史一般の既成の知見にとらわれることなく、素直に問題を掘りおこし、その土地に即した解釈・分析を通じて郷土の歴史を見定める」ことをとりあげている。すなわち、「『日本国』の支配域と『日本民族』の居住域とをつねに一致」させて「日本史」の一体性を自明視してきたことを指摘し、反省を求めた。塚本論文の画期性とはこのことである。

ここまで来れば、一九七〇年代初頭まで進歩的歴史学者のなかにさえ根づいていた「本土」の一体性を前提としたナショナル・ヒストリー＝「日本史」イデオロギーの再検討・放棄は目前だった。塚本は沖縄や蝦夷地《えぞち》の歴史研究について、「あきらかに日本史の一体性に対する反証の提示になっている。反面、そうした仕事が、その対象とした地以外の『日本』の一体性を前提としているかにみえる」と述べて、「今後の地域史研究の果すべき役割の大きさ」を指摘した。すなわち、南＝沖縄と北＝蝦夷地に限らない、列島各地からの「日本史」の相対化、「日本史」の革新を提唱したのである。

しかし、〈革新〉はなかなか進まず、たとえば中世史家の春田直紀からも、「『日本』を相対化していく視軸が『日本』の周縁部にのみおかれるならば、逆に『日本的』なるものの一貫性が、

『日本』の中心部には求められるといった皮肉な結果を招きはしまいか」（「『日本のはじまり』をめぐって」『歴史評論』五八四号、一九九八年）という問いかけが出されることになる。

第三節　新しい地域史

前述したように一九七〇年代に『講座日本史』、一九八〇年代に『講座日本歴史』、二〇〇〇年代に『日本史講座』が刊行されているが、直接的に地域史を取扱った論文はない（早くは一九五六年から五七年にかけて刊行された『日本歴史講座』全八巻、河出書房、においてもそうである）。ただし、『講座日本歴史一三・歴史における現在』の巻頭を飾っている中東史家の板垣雄三「歴史における現在―序にかえて」には、「今や、個人にとって有意味な地域――それは世界を映す鏡である――は多様に設定されうる。世界の中のいくつかの『飛び地』の集合、ある種のハイパースペースが、『私にとっての地域』ともなりえよう」と見える。

また、八七年に出された八〇年代版『岩波講座日本歴史』ともいうべき『日本の社会史』全八巻（近現代はない）も「刊行にあたって」で、「畿内国家の成立・拡大を基軸とする単一国家・単一民族・単一文化観への批判の上に立って、地域史を重視し、しかもそれらを孤立したものとしてではなく周辺世界との関連においてとらえる」という編集方針を明らかにし、象徴的な第一巻「列島内外の交通と国家」には「東国・東北の自立と『日本国』」、「日本社会における瀬戸内海地域」、「日本社会における日本海地域」、「『蝦夷地』の歴史と日本社会」、「琉球・沖縄の歴史と日本社会」といった魅力的な論考が収められている。

こうした新しくて柔軟な地域史イメージが展開されているのは、前出②の第四次『岩波講座日本通史』の『別巻二』よりも、『別巻一・歴史意識の現在』の方である。近代史家のキャロル・グラック（Carol Gluck）「戦後史学のメタヒストリー」は、中世史家の網野善彦の東日本・西日本論（『東と西の語る日本の歴史』そしえて、一九八二年、のち講談社学術文庫、一九九八年）や近代史家の鹿野政直の群島論（『「鳥島」は入っているか』岩波書店、一九八八年）を念頭に置き、日本史を相対化する「内なる地域主義（inner regionalism）」についてふれている。

また近世史家の朝尾直弘も「時代区分論」で、国民国家史を常識としてきた戦後歴史学の反省から、「地域世界」を分析する必要性を唱え、「『国』の枠組みをとり払うことによって、地域は世界に対して自立する。内外の別はないのである」と断言する。さらにこうも述べる。「世界に対して自立した地域の歴史を研究し、世界の認識をいったんは国民国家の枠組みから解放し任意の地域に分割しておこなうことは、過激なようだが、長く国家にとらわれ欧米の単一基準を信奉してきた日本史の研究にとっては必要なことのように思われる」。

グラックや朝尾が提唱した〈新しい〉地域史の視点は、世紀をまたいでさまざまな議論へと発展していった。日本史における地域史研究の新動向は、あらためて「日本史」の相対化に向う。新世紀に入って近世史家の佐々木潤之介は「地域史研究の生命は、それが全体史を構成する基点でなくてはならないこと、全体史を構築する基礎であるということになる」と定義した（「地域史を考える」『歴史評論』六一八号、二〇〇一年）。全体史は地域史の前提ではなく、逆に地域史から全体史が生み出されるという主張である。東北史を例にこの問題を考えてみたい。

一九八〇年代に北海道・東北史研究会が結成され、精力的に北方社会の歴史を発掘し、数多くのシンポジウムや成果報告書を世に問い、「北からの日本史」像を提起した。[*2] 部分史的あるいは周辺的な研究ではなく、全体史志向であり、同研究会のメンバーも多く参加して一九九四年に組織された「東北の文化・歴史研究の発掘と再生」研究会は、九六年に『東北の歴史再発見—国際化の時代をみつめて—』（渡辺信夫編、河出書房新社）を出版している。同書「はじめに」は、「東北の歴史と文化は従来のごとく国内史の枠内にとどまるものではなく、国を超えた世界の視点に立って、はじめて理解できる日本列島の地域史である」と基本姿勢を宣言している。同様の問題意識から、九八年には『歴史のなかの東北—日本の東北・アジアの東北—』（東北学院大学史学科編、河出書房新社）が出ている。

一方、九九年には雑誌『東北学』が創刊されている。「創刊によせて」は、「東北ははじまりの場所である。新たな列島の民族史的景観を拓いてゆくための、それゆえ選ばれた、ささやかな知の脈流の拠点である。この移ろい、揺れるはじまりの地から、『いくつもの日本』を孕んだ、もうひとつの歴史への方法を鍛えてゆかねばならない」と述べている。「東北学」を提唱した民俗学者の赤坂憲雄らの編による『いくつもの日本』全七巻（岩波書店）は二〇〇二年から三年の刊行だが、第一巻『日本を問いなおす』「まえがき」は、「私たちの日本は、古くから『ひとつ』ではなく、現実の空間と時間が織りなし合う形で、『いくつも』の生活が営まれてきたが、いつしか『ひとつ』という錯覚が生まれたのである」、「異なる時空を『ひとつの日本』にまとめ上げ、そう見せかけたのは国家の力であった」、「私たちは無意識のうちに、国家や社会の固定的な価値観に染まり、『ひとつの日本』を自明なものと思い込む習癖に馴らされてきた」というように、「日本史」の一体性を強烈に批判した。

しかし、「いくつもの日本」という視角が「ひとつの日本」を撃つことと引き換えに、よりいっそう手強い「不定形の日本」を呼び込むことにはならないか（中村生雄「近代日本の自己認識」前掲『日本を問いなおす』）、「いくつもの日本」なら無条件で肯定できるのか、それもまた

「愛国主義のくびき」ではないか（色川大吉「一国民俗学という否定的評価」『柳田國男全集二九』月報、筑摩書房、二〇〇二年）という批判もあった。問題は「いくつもの日本」のその先にどういう歴史像、世界史像を見るかということであり、「日本史」をめぐる〈放棄と否定〉と〈構築と強化〉の鬩《せめ》ぎ合いの過程をどうとらえるかということであっただろう。

第四節　軽快な歴史学へ

「日本史」の相対化とは日本史研究の相対化でもあった。『史学雑誌』「回顧と展望」の二〇〇三年版（一一三巻五号）において、総説を担当した近代史家の大日方純夫は、「〝日本人による、日本人のための日本史〟自体が〝神話〟になりつつあるようにも見える」と述べたが、その傾向はその後ますます加速化している。出版物における外国人研究者、とりわけアメリカ人研究者の進出や、代表的な講座・シリーズの編者・執筆者の多国籍化は明らかであろう。

こうした動きは「日本人による、日本人のための日本史」という「神話」の崩壊のみならず、新しい地域史、新しい歴史学の誕生をうながしている。[*3] ここでは二人の外国人日本史研究者の声に耳を傾けたい。テッサ・モーリス＝スズキ（Tessa Morris Suzuki）と前出のキャロル・グラックである。

近代史家のスズキは二〇〇二年に出版した『批判的想像力のために―グローバル化時代の日本―』（平凡社）において、「グローバル化を歴史化することは、歴史における時間と空間を概念化しなおすことを意味する」と述べて、「ある種の『反‐地域研究』とでも呼べばよい概念」を提起している。それは「できるかぎりばらばらの、離ればなれの地点から、グローバルな趨勢を観察すること」であり、そうした研究は「ひとつの世界的なプロセス（たとえば遠距離通信の発展や新しい宗教の出現）が、不均質な社会的・地理的条件にある複数の地域に、どのようなインパクトを与えたかを探る」ことだろうと展望している。

グラックも二〇〇三年に発表した「二十世紀の語り」（『日本はどこへ行くのか　日本の歴史二五』講談社）のなかで、「さまざまな場所で語られる二十世紀の物語があまりに多くの共通点を持っており、個々のナショナルな箱の中に閉じこめておくことができない」し、「個別の国民史が主張するほどに、それぞれの国に独特のものなど存在しなかったのだ」と述べて、巻名の「日本はどこへ行くのか」は「エスニックな存在論（ethnic ontology）」であると批判している。

スズキとグラックの地域史論は近現代史だから可能なのだろうか。前近代には当てはまらない「部分的」地域史論なのだろうか。[*4]

かつて筆者は日本人研究者七名と外国人研究者九名に呼びかけて、具体的な地域史研究の窓から、新しい「日本史」像の創出、新しい「日本史研究」像の模索をめざした国際論集『ローカルヒストリーからグローバルヒストリーへ—多文化の歴史学と地域史—』（河西英通、浪川健治、ウィリアム・スティール〔William Steele〕編、岩田書院、二〇〇五年）を刊行した。[*5] その際に感じたことは、ウィリアム・スティール「あらゆる歴史は地域史である」に見られたある種の〈軽やかさ〉である。スティールは「『中心—周辺』というパラダイムでは単純すぎる」と述べて、つぎの三点をあげている。①「『周辺』が一つでないことは明らかである」、②「中心と周辺、地域と国家、地方と都市の間に明確な境界はない」、③「中心と周辺を必ずしも結び付けようとする必要はない」。つまり、「周辺」は自由な空間であり、「中心」との関係は多様なものとされ、「地域」はある特定の「国家」内存在ではなく、脱「国家」的存在と位置づけられる。スティールは柔軟で軽やかな認識論を示している。

こうした〈軽快な〉地域史はいったいいかなるセンスから生まれて来るのだろう。アメリカでは元来、地域史が強かった。古くは一九七〇年に刊行された『アメリカの日本研究』（宮本又次編、東洋経済新報社）は、概論で「アメリカにおいては、地域研究、『地域への接近』（area approach）の伝統は根深い」と指摘し、各論の第一部に「地域史」を置いて、マリウス・ジャンセンの土佐研究、アルバート・クレイグ（Albert Craig）の長州研究、ジョン・ホール（John Hall）の備前研究を紹介した。一九九三年に『歴史学研究』六四一号が「地方史の比較史」を特集した際には、アメリカの地方史は一種の「草の根運動」であり、「民衆の歴史を通して、民衆の identification を明確にすることに多くの努力を払いながら、それぞれの地域に住む民衆自身、そして地域そのものの真の姿を描こうとしている」と論じられている（中村安子「アメリカの地方史―地方史運動と社会史―」）。

自国の地域史に対する自立的で地域主義的な研究風土が、アメリカにおける日本史研究の生成過程、知的環境に影響を与えてきたと考えられるが、前述したように一九九〇年代以降、大きくグローバルヒストリー化し、全体史につながる有力な視座になりつつあるといえよう。総じて、アメリカにおける日本地域史研究は日本史から離れ、地域史そのもの、あるいは世界史としてとらえ直されつつある。

この点に関して、デビッド・ハウエル（David Howell）は、二〇〇七年に刊行した『ニシンの近代史―北海道漁業と日本資本主義―』（河西英通・河西富美子訳、岩田書院、原著 *Capitalism from Within: Economy, Society, and the State in a Japanese Fishery*. Berkeley: University of California Press,1995）の「日本語版の刊行によせて」の中で、地域史研究がアメリカの日本史研究の著しい傾向であり、とくに近世史の分野においてそうであると述べたうえで、「しかし、いわゆる『地方史』や『郷土史』と違って、その地方それ自体の歴史が関心の対象なのではない。日本の地域の歴史をとおして世界史的に反響する歴史叙述を目指そうとするもの」だと立場を明らかにしている。この立場を単なるケース・スタディと誤解してはいけない。彼らにとって日本の地域史は日本史の枠内にとどまらずに世界史としての地域史、世界史そのものと位置づけられているからである。前述した佐々木潤之介の主張と同様の立場である。また〈共通の歴史学〉を展望する〈共通のわたしたち〉が歴史主体として措定されている点も重要である。この場合の〈共通〉とは同質・一体を意味しない。国民国家的にエスニックに位置づけられ構築されてきた歴史事象が孕んでいる世界性・同時性の確認であり、認識者の共同性ということである。

第五節　東北史の可能性

これまで論じてきたように、地域史とは、ナショナル・ヒストリーの再構築である。グラックが言うように、どこも似たり寄ったりのナショナル・ヒストリーならば、国家によって隠され、また貶められるという二重の被差別性をもつ地域の歴史こそ「真の歴史」と呼ばれるにふさわしいことになる。少なくとも近代国民国家形成期以降は、そうした「真の歴史」としての地域史、比較を通して相関性を問う〈世界的な〉地域史が成立しうる。

筆者の地域史論、「地域」観の問題を若干述べておこう。[*6] かつて遠山茂樹が「たんなる地方史」と呼んだ青森県史の話である。一八七七年から八〇年頃に作成されたと思われる「陸奥事情」という史料がある。このなかで青森県（陸奥国）とアイヌとの関連が言及され、「蝦夷の子孫と称するものハ両郡〔南部・津軽両郡〕ともに今尚《いまなお》存するなり」と見える。また、八二年一二月に太平洋に面した下北郡の老部《おいっぺ》村（現・東通村）が本村の白糠《しらぬか》村（同前）宛に提出した「老部村復旧願理由書」によれば、白糠村は「往古ニ遡リ之ヲ考フレバ白糠村・老部村ノ草創ハ北夷同種ノ夷人ナリ」と共通の開基を理由に枝村の老部村からの分離独立の願を拒否している。あるいは陸奥湾に面した下北郡川内村（現・むつ市）の湯野川温泉の風俗を描いた同年の「遊浴日記」には、アイヌ特有の衣装であるアットゥシを身にまとう農婦の姿が描かれている。[*7] 近世において下北半島や津軽半島にアイヌ（本州アイヌ）が居住していたことは知られている。東北北部は明確にアイヌ史を自覚することによって、その歴史的な姿をあらわしてくる地域なのであり、地域アイデンティティは〈非日本〉的な契機、アイヌによって支えられていたとさえ言えるのである。[*8]
「地域」観はこうした広がりや深まりを持つ。下北半島の寒村老部村の場合も、広域なアイヌ世界を視野に入れなければ人々の「地域」観は解けない。そのアイヌの世界は日本列島内に完結するものではなく、東アジア全体に及んでいた。つまり「たんなる地方史」にとどまるものではない。〈小さな〉地域史といえども、〈不定形〉な他の地域史と密接不可分の関係を持たざるをえない。この関係は一見どこの地域史にもあてはまるようだが、民族的契機が組み込まれている点は、東北史ならではの独自性・固有性であり、そうした視点に立つことが、東北史から全体史を射程するという魅力、東北史の可能性であろう。

第六節　本書の構成と目指すもの

東日本大震災後、東北史研究は新しい展開をみせており、『東北史を開く』（東北史学会・福島大学史学会・公益財団法人史学会編、山川出版社、二〇一五年）、松本武祝編著『東北地方「開発」の系譜』（明石書店、二〇一五年）、Nathan Hopson, *Ennobling Japan's Savage Northeast, Tōhoku as Japanese Postwar Thought, 1945–2011*, Harvard East Asian Monographs 407, 2017、『大学で学ぶ東北の歴史』（東北学院大学文学部歴史学科編、吉川弘文館、二〇二〇年）、あるいは文化研究として『一九四〇年代の〈東北表象〉』（高橋秀太郎・森岡卓司編、東北大学出版会、二〇一八年）、『大正・昭和初期における東北の写真文化』（山形大学人文社会科学部叢書13、石津靖典・森岡卓司編、山形大学人文社会科学部附属映像文化研究所、二〇二一年）などが刊行されているが、[*9]最も重要なのは『講座東北の歴史』全六巻（清文堂出版、二〇一二―一四年）である。多種多様な切り口からさまざまな時代における東北の歴史像が描写されている中、全体の射程を開示している監修者入間田宣夫の「総論　東北史の枠組みを捉え直す」は、従来、「東北を一体として捉える志向性」が卓越し、「東北に内在する地域的な差異については、ほとんど、言及されることはなかった」という注目すべき指摘をしている。なぜ言及されなかったのか。

一つには中央国家による征服・開発・救済の対象として、「遅れた東北」「貧しい東北」のイメージに縛られ、「中央国家の側に与する上向きの目線」に熱心であったがゆえに、内なる差異を認識する視線を持ち得なかったからであり、もう一つには現状打破・抵抗のためには、内なる差異の認識は東北の「一丸の取り組みを妨げる要因なりとする内輪の心情」によって忌避されたからであったという。さらに、地域的差異を云々するのは「専門の研究者には相応しくない」といった大時代的で尊大な意識も働いていたのではないかとも述べる。「東北に関する戦後歴史学の達成」とされる豊田武編『東北の歴史』上・中・下（吉川弘文館、一九六七―七九年）も、「東北を一体として捉え、かつ中央国家との二項対立において把握するという大きな枠組」から脱却しえなかった。東北史の一体的把握が相対化されるのは一九八〇年前後からであり、現在「いくつもの東北へ」「開かれた東北へ」と研究が積み重ねられていると総括している。

入間田の「東北に内在する地域的な差異」の指摘はきわめて重要である。なぜならば、東北内部の差異の認識は、当然のことながら、東北以外の地域における内部的差異の認識にもつながり、究極的には〈日本〉〈日本人〉内部の差異の認識に至るから。東北内部の差異を云々することは独り東北史内部の問題にとどまらず、このクニの多元的構造を明らかにすることであり、その多元性を無化・抑圧し、同質性・統一性への傾斜・同化を強要し続けてきたこのクニの負・陰・裏の歴史を照射することになるであろう。前述した「日本史」をめぐる〈放棄と否定〉と〈構築と強化〉の鬩ぎ合いの過程とは、まさにそうした歴史生成の過程そのものである。

筆者は本書においてここ一〇年以内に発表した論考を上記の問題意識から再検討・再構成・再省察し、戊辰戦争・明治維新から戦後・現代にかけて東北史の流れを描き直してみようと思う。わかりやすい概説書でもなく、専門家向けの論文集でもない。いくつかの小さな切り口から〈東北史〉を探り、たぐり寄せてみたいと願っている。

序章では東北史を考えるための基本的視座を示したが、以下、第一章では近代開始時の東北および地域の位置づけを論じ、第二・三章では東北差別の問題について検討する。第四章では東北の軍事問題に切り込み、第五・六章では戦後の東北意識と社会運動について言及する。第七・八章では戦後の東北史研究の意味と東北における大学闘争について描き、終章では全体を踏まえたうえで、これからの東北史研究に向けた姿勢と展望を述べる。

筆者がめざす東北史は、従来の東北社会にまとわりついていた後進性を否定し、それに先進性を置き換えようとするものではない。こだわる視点は、東北は〈いかに後進なのかではなく、いかにして後進か〉と問うことである。[*10] また東北史を数ある地域史のOne of Themにすえることでもない。東北史の中に先進性を〈発見〉あるいは〈発明〉することは、これまで後進性を〈許容〉〈受忍〉してきたことの裏返しであり、先進性を他の地域から〈奪取〉し、後進性を他の地域に〈転嫁〉する歪んだ自己認識である。そもそも先進性や後進性を自明視・宿命視する地平から脱却することが求められているのではなかろうか。また自己を「たんなる地方史」に投影することは東北史の思考停止・主体放棄につながり、ひいては地域史そのものの陳腐化・教条主義化・記号化を招くだろう。

本書が歩みだす地平は、東北史からいかに〈日本史〉〈世界史〉を撃つかということであり、いかに〈東北史〉そのものを新生させるかということである。

第一章　戊辰戦争・明治維新と東北

第一節　「戊辰」以前

近世後期、一七八〇年代のことである。天明の大飢饉の中、東北を歩いた二人の旅行家がいた。岡山の地理学者古川古松軒《こしょうけん》と伊勢の医者橘南谿《たちばななんけい》である。古松軒は一七八八年に『東遊雑記』を、南谿は一七九五年に『東遊記』を出す。

それぞれに興味深い記述がある。『東遊雑記』は東北の異境性を「夷狄《いてき》」「夷人」「北狄」と形容しているが、異風視された生活スタイルをしっかり見つめていた。たとえば、庄内藩の城下町鶴岡は「米の沢山なる地にて、下民といへども、平生米を食し」、秋田藩の大館住民も「衣服のつゞれしも、屋宅の見苦しきもいとはず、米の沢山なる儘に、平常遊び暮」らしていると描いている。さらに北端の津軽も「米沢山」で「食物は焼米あれば事足り」、人々は「夷風」が残る

「衣服・屋宅の見苦しき」ことを「少しも恥ざる」様子である、「よく〳〵考て見れば、安心なる事」ではないかと論じている。

『東遊記』も津軽半島に住むアイヌに言及し、「津軽の人も、彼等はエゾ種といひて、いや〈卑〉し」んでいるが、「南部、津軽辺の村民も大かたはエゾ種」であって、ただ半島のアイヌより「王化」が早かったので、「先祖より日本人のごとくいひなし」ているに過ぎないと記している。

両書に見られる東北像は大きく四点にまとめられる。第一は、東北を中央と辺境蝦夷地の間に位置する異境・異域とみなしている。第二は、異質性の背後にアイヌの歴史世界の存在を想定している。第三は、東日本の空間構造を江戸＞松前・江差（道南部）＞東北≧蝦夷地（アイヌ社会）と序列化している。第四は、飢饉という非常時のイメージを東北固有の姿や歴史段階として、江戸以西に伝えている。これらの結果、江戸や京都など中央圏は「王者の住所」（『東遊記』）と認識され、幕末に向って同時代人は東北に対する優越感を持つことになった。

第二節　戊辰戦争の歴史的意味

二〇一八年は明治維新から一五〇年目に当ることから、全国各地で様々なイベントがもたれたが、東北では明治維新よりも戊辰戦争の記憶が強く、「戊辰一五〇年」を追慕する一年となった（菊池勇夫「東北から考える明治維新─戊辰戦争という経験─」『新しい歴史学のために』二九二号、二〇一八年、友田昌宏「地域の／地域からの『明治一五〇年』─東北地域を通して─」『歴史評論』八三三号、二〇一九年）。

幕末維新期の東北を分析した田中秀和は、近世の北方社会において「未開」とは異民族アイヌを指していたが、近代では戊辰戦争の敗者東北も蝦夷地同様の「未開」地となり、総じて「未開」とは「天皇を知らないこと」「天皇に刃向かうこと」と定義されたと論じている。[*1]

近世後期の東北＝異境・異域イメージをふまえて、幕末維新期における東北＝東軍・奥羽越列藩同盟・幕府軍の軍事的敗北は、東北に近代的「未開」性を付与する一方、西南＝西軍・官軍・新政府軍の軍事的勝利は文明論的勝利を加味することで正当化・正統化され、そして必然視されたのである。

敗者である奥羽越列藩同盟の組織性をめぐっては諸説があるが、[*2] そもそも東北は同質一体的な空間だったわけではない。栗原伸一郎は戊辰戦争研究が「西南雄藩」対「東北諸藩」に構図化され、「『奥羽（越）』諸藩が一つの政治勢力を形成したことを所与のこととして、戊辰戦争の政治過程を描いている」のは、背景に「濃淡こそあれ、近代に成立した『東北地方』という概念がある」と指摘し、それは「『東北地方』の通史や自治体史、一般書にも幅広く見られる」と述べている。[*3]

もとより勝敗の帰趨が決まっていたわけでもない。アメリカのメディアや在日公使は南北戦争の体験を経て、北部同盟（東軍・奥羽越列藩同盟・幕府軍）と南部同盟（西軍・官軍・新政府軍）の拮抗状態、さらには北部同盟の優勢を論じていた。[*4] 海外に戊辰戦争と東北の関係がどう伝えられたかは興味深い問題であろう。[*5] 後年、改革派教会宣教師で仙台の東北学院や福島県の若松教会・会津坂下教会で伝道をおこなったクリストファー・ノッス（Christopher Noss）は一九一八年に *Tohoku: The Scotland of Japan*（『東北—日本のスコットランド—』）をアメリカ・フィラデルフィアの海外伝道委員会から出版するが、日本は「鎖国」により他国に見られぬほど民族的融合を果したものの、戊辰戦争後、敗北した東北は地理的位置、交通幹線の不在、土着的保守主義、明治政府の差別により国内他地域のようには発展しなかったと述べている。

また岩手県盛岡出身で京都帝大教授の原勝郎は、一九二〇年に団琢磨らが結成した大和協会から日本紹介シリーズの第一冊目として、日本人歴史家による最初の英文日本通史 *An Introduction to The History of Japan*（G. P. Putnams' sons）を刊行するが、東北が後進なのは比較的最近開発されたうえ、国策が国内植民から海外膨張に転換し開発が手薄になったからだと論じた。

近世後期の異境・異域像があったにせよ、東北は「戊辰戦争を経た新政府成立の過程でつくられた辺境」であり、「明治政府のイデオロギー装置として、遅れた地域として設定された」[*6]。当初、列藩同盟の一員であった秋田藩は最終的に新政府側につくが、やがて「賊巣」と疑われ、「戊辰の功労。その後の疎外」という状況となる。秋田県出身の近代史家佐々木克は初代秋田県令旧佐賀藩士島義勇（佐賀の乱で刑死）の東北後進地論をこう批判している[*7]。

島の表現の裏側には、遅れた東北であるがゆえに、新政府に刃向かったのだとする論理がある。勝者の側が見る目は原因も結果も順序はどうでもよいのである。こうして白河以北は一山百文の値うちしかないという、驚くべき蔑視が生まれて次第に通念化していき、東北地方は後進地と見下げられ、また見放されることになったのである。

つまり、東北は遅れていたから刃向かったのではなく、刃向かったから遅れたのである。この「順序」が無視され、東北は悲劇的な近代を送る。東北にとって戊辰戦争の敗北は、「未開」性の必然的結果ではなく、逆に「未開」性の政策的震源であり、開始だったのである。

第三節 「戊辰」の雪辱と記憶

五〇万名以上の戦死者を出したアメリカの南北戦争とは比較にならないだろうが、戊辰戦争でも鳥羽・伏見戦争以降、東軍・西軍合わせて八〇〇〇名以上、おそらく一万名近い犠牲者が出ている。[*8] 戊辰戦争で敗退した東北士族の苦難の道のりは、石光真人編著『ある明治人の記録 会津人柴五郎の遺書』(中公新書、一九七一年)などで知られるが、彼らが「戊辰」の雪辱を果たした最初は、一八七七年の西南戦争への出征、西郷軍の撃滅だった。

最近の友田昌宏の研究[*9]によれば、戊辰戦争で一二〇〇名以上の戦死者を出した宮城県は「戊辰の雪辱」に燃えていた。七七年二月に内務省は東京府下の警備のため、各県から巡査一二〇〇名を募るとともに、茨城・群馬・福島・宮城の四県から臨時巡査二六〇〇名を召募して、西南戦争に投入した。宮城県から出征した旧仙台藩士は戊辰の雪辱を胸に西郷軍と戦い、ある者は「毎戦勝利ヲ得、実ニ戌〔戊〕辰ノ汚名ヲ雪クニ足ル」と郷里に書き送り、ある者は西郷軍の捕虜を「芋人種」「頑愚ノミナラス其狡黠呆レ果タル者」と罵った。[*10] しかし、政府軍に投降してきた西郷の子菊次郎から、右足を負傷し切断した彼が父隆盛に最後の面会を求めた際、西郷が「胸裏如燃ト雖《いえど》モ、他人ヲ慰問スルニ遑《いとま》アラスシテ、吾児ヲ顧ル又忍ヒス」と拒絶したことを聞いた者は、「僕等曾テ賊名ヲ負ヘリ。今此語ヲ聞キ同情相憐ムノ情ヲ発」すると深いシンパシーを覚えている。またある者は「野蛮ノ風」故、西郷軍は鹿児島主義となって天皇や政府を知ることなく、「西郷ノ煽動」で「逆賊」となったが、厳然たる「士族ノ風」が幼年の者にも浸透し、「士気ノ震フ処ハウラヤマシキ処アリ」と羨望のまなざしを向けた。

西南戦争終結前後に宮城県内で戦没者慰霊祭が執り行われ、七七年一〇月に藩祖伊達政宗の廟所経ヶ峯《きょうがみね》・瑞鳳殿境内に戊辰戦争戦死者を祀る「弔魂碑」が、同一一月に西南戦争戦没者を祀る「西討戦没之碑」がそれぞれ建立された。友田が指摘するように、「西南戦争によってはじめて戊辰戦争の戦死者の慰霊が可能となった」のである。以後八一年から八六年にかけて経ヶ峰で旧仙台藩士を中心に戊辰戦争と西南戦争戦死者のための招魂祭が行われている。[*11]

戊辰戦争から半世紀が経った一九一七年九月八日、旧南部（盛岡）藩士戊辰殉難者五十年祭が盛岡市報恩寺で開かれた。この時、地元出身で立憲政友会総裁原敬が「昔日も亦今日の如く国民誰か朝廷に弓を引く者あらんや、戊辰戦争は政見の異同のみ」と発言したことはよく知られている。「賊軍」「朝敵」と蔑視されてきた盛岡藩をはじめとする奥羽越列藩同盟の名誉回復を訴えたとされるが、興味深い点は五十年祭に向けた取組である。

『原敬日記』はこう述べる。岩手県では有志が旧藩士慰霊祭を行ってきたが、次第に継続困難となり、近年は旧藩主南部家によって執り行われている。しかし、戊辰戦争後五〇年に当る今年は、他県でも慰霊祭が挙行されるので、本県では盛岡市が主催してはどうかと提案し、必要経費一〇〇円を寄付した。祭典は戦死者の慰霊のみならず、「風教」の効果も期待された（一九一七年八月二八日項）。原は事前運動を行なったものの、裏方に徹したかったようだ。しかし、祭典を機に勤王盛岡藩を顕示したいとの希望が発起人たちから起こり、急遽、前出のような祭文を認めることになった（同年九月八日項）。

ある意味でハプニングであったが、原の発言は地元に大きな勇気を与えた。この年の一月、盛岡で雑誌『東北評論』が創刊されるが、「発刊之辞」は「悠々たる三千載、吾が東北に於ける文化は、伝ふべき何等の絢爛殷賑《けんらんいんしん》のあるなし」「彼の都人士をして徒に、遼遠の感想を深からしめ、遂に、白河以北人なしと、いふに至らしめしもの、洵《まこと》に、故なしとせず」と自信喪失を吐露していた。原は翌一八年九月に第一九代内閣総理大臣となるが、地元紙『岩手日報』（同年一〇月三日付）は、「一山百文の東北から、総理大臣を出したる事は、大に東北の為めに気を吐くに足る」と大きく報じた。

東北は長い間、「戊辰」に呻吟していた。一九一七年五月に会津出身平石弁蔵の『会津戊辰戦争』が出る。序を寄せた板垣退助は「官軍といひ賊軍と呼ぶも、そは単に外形に過ぎずして、其忠を皇室に効《いた》さんとするの志や一也」としたうえで、「会津は天下屈指の雄藩也、若し上下心を一にし、戮力《りくりょく》以て藩国に尽さば、僅かに五千未満の我官兵、豈《あに》容易に之を降すを得んや」と論じ、領民が逃避したことで藩力が寸断され、官軍に敗北したと述べている。雄藩会津藩の分裂状況から、板垣は国家統一・主権確立をめざす自由民権運動の必要を悟ったということの一節は、一九一〇年に出版された『自由党史』第一章「維新改革の精神」中の「板垣退助の会津滅亡の感」の転載である。さかのぼれば一八九三年刊行の栗原亮一・宇田友猪《ともい》編纂『板垣退助君伝』(自由新聞社)「第二十七　若松城攻囲と降伏、東征軍の凱旋」で披露された所謂「会津落城芋の話」、さらには八一年一二月の『土陽新聞』掲載「会津開城の逸話」にたどりつく。[*12]

しかし、会津戦争の体験から自由民権運動へ転回したという件は、当時より後世の作ではないかと疑われていた。[*13]要するに、板垣の弁は戊辰戦争の〈勝者〉故の余裕ある発言であり、軍事力の点では、雄藩を誇る会津の藩士より官軍の方がはるかに有能・強力であったという自慢にほかならない。

一九一一年七月刊の仙台出身藤原相之助《あいのすけ》[*14]の『仙台戊辰史』にも、「薩長ノ眼中復《ま》タ奥羽ナシ、其ノ為サントスル所ロヲ為シテ若シ反抗ノ態度ニ出デンニハ一併シテ之ニ賊徒ノ名ヲ附シ反逆ヲ以テ論ズルニ於テ、天下何人モ異論ヲ唱フルモノナキヲ知ルガ故《ゆえ》ニ、殆ト傍若無人ノ挙動ヲ敢テシタリ」と、西軍による乱暴な東北蔑視が明記されている。「賊徒」「反逆」史観は帝国議会でも問題とされた。一九一二年二月の第二八回帝国議会の衆議院本会議で、「東北振興ニ関スル質問」を行った岩手県選出の村上先《すすむ》（政友会）は、東北不振の原因を戊辰戦争に求めている（帝国議会会議録検索システムによる）。

此《この》戊辰ノ戦争ナルモノハ日本帝国ノ旧組織ヲ破壊シ、更ニ日本帝国ニ新シイトコロノ光明ヲ与ヘ、殊《こと》ニ西南地方ニ多大ノ新シイ光明ヲ与フルト同時ニ、東北六県ニ対シマシテハ反対ニ暗黒殆ド見ルコトモ出来ナイヤウナ惨憺タル光景ヲ与ヘタノデアリマス、是ヨリ東北ハ殆ド奈落ノ底ニ墜落シタト云フヤウナ状態ニ陥ッタノデアリマス、世間無情ナルトコロノ者ハ東北ニ向ッテ何ト言ヒマスカ、東北ハ一山百文デアル、殆ド東北ナルモノハ一山百文デアッテ、何等ノ用ヲナサヌト云フコトヲ——我東北ニ於テハ殆ド聞クニ忍ビナイヤウナ軽蔑ノ言葉ヲ以テ斯《こ》ウ云フコトヲ言ッタト云フコトハ、是ハ立派ナ証拠ガアリマス

村上は、東北の不振は「薩長政府ガ極度ナル圧制ヲ加ヘ、残酷ナル取扱ヲシタ結果」だと断言した。しかし、東北への差別的政策を縷々演説する村上に対して、あろうことか議場内から

「簡単ニ願ヒマス」「マダアルノカ」「質問ヂヤナイ」「シッカリヤリ給《たま》へ」と言ったヤジが飛び交い、村上も我慢できず「黙ッテ聴ケ」と応酬せざるをえなかった。時は第二次西園寺内閣、答弁に立った内務大臣原敬は、東北振興全体は農商務省の管轄だとそっけなかった。[*15]

第四節　「戊辰」と「白河以北」

『岩手日報』や村上の質問に出てくる東北＝「一山百文」、すなわち「白河以北一山百文」は東北に投げつけられた差別表現である。戊辰戦争の際、西軍の将校が東軍への攻撃時に叫んだ言葉と言われてきた。しかし、史料的根拠は実はない。一九七二年の『週刊朝日』に載った司馬遼太郎「陸奥のみち」も、「『白河以北一山百文』と言ったのは、戊辰戦争を戦って会津城を攻めおとした長州軍の士官のひとりであったであろう」と曖昧にしか述べていない。広く人口に膾炙したかのように思えるが、地元白河においてすら意外と用いられておらず、西日本ではほとんど知られていない。

「白河以北一山百文」の初出は旧熊本藩士林正明が主宰した『近事評論』一八七八年八月二三日付「白河以北一山百文」である。[*16] 大要はこうである。

往来で日本地図を開き、その上に各地の人形を並べて、売り子が「白河以北一山百文」と泣き叫んでいた。わけを聞けば、西南の人形は飛ぶように売れるが、東北は「天下ニ厭棄《えんき》」されているので、ほとんど売れない。それが悲しくて泣いているのだという。そこで諭した。「治乱盛衰ハ天ノ道ナリ」、「楽アレバ苦アリ」。今は人気がある西南の人形も、いつ廃れるかわからない。やがて東北の人形が大いに売れる日も来るだろう。すると、売り子は納得したと見え、泣くのをやめて、再び大声で「白河以北一山百文」と叫んだ。

この記事は西南日本の優位、東北日本の劣位を描いているものの、戊辰戦争との関連は一切見られない。この記事は東北で反響を呼び、とりあげる新聞雑誌もあったが、その際も戊辰戦争への言及はまったくなかった。『近事評論』は一八八〇年七月八日付「東北再ビ一山百文ト為《な》ラントスル耶《や》」においても、「白河以北一山百文」について言及している。自由民権運動を通して東北人士も「一山百文」状況から脱したかに見えたが、同年四月公布の集会条例で弾圧されたとたん、ふたたび「卑屈根性」「自棄自暴」に陥った、しかし果敢に抵抗する動きもあり、「東北人種ヲ以テ、一言ニ一山百文ナリト謂《い》フベケンヤ」と。ただし、この記事にも戊辰戦争との関連性は一切見られない。

はたして「白河以北一山百文」を戊辰戦争と結び付けた史料はないものかと調べたところ、

『読売新聞』一九一〇年一〇月二五日付「福島県人（一）」に遭遇した。「白河以北一山百文の語は維新の際官軍の唱へしところなり」「維新の際に、一山百文と罵《ののし》られしも、其原因時勢の赴《おもむ》くところを知らずして、旧慣を墨守せるに在《あ》り」とある。執筆者は「秋風道人」こと内村義城《ぎじょう》。内村と東北の関連は一八七四―七五年に秋田県十一等出仕であったこと位しか確認できないが、八三年には大阪で弘通社という代言人組織を設立しており、[*17]つぎのように東北民権運動にも関心を寄せていたと思われる。内村は、東北はかつて後進的だったが今や違うと説く。八二年に福島県令三島通庸《みちつね》の圧政に抵抗した〈激化〉事件、福島・喜多方事件に言及して、「是れ白河以北の人にして、始〔初〕めて起し得べき事件なり。関東、京阪、中国地方の人には到底学び得ざるところなり。大陸的人物にして始めて為し得べし。純粋なる島国根性の者には知らざるところなり」と高く評価した。

前述の帝国議会における村上先の演説から推しても、一九一〇年代初めには戊辰戦争・明治維新と結びつけた「白河以北一山百文」なる表記が定着していたものと思われる。

第五節　「白河以北一山百文」とはなにか

明治文学研究家の柳田泉（青森県中津軽郡出身）によれば、近世に「白河以北は一山三文」という俚諺《りげん》があったというが[*18]、「白河以北一山百文」の通用は『近事評論』以後と考えてまず間違いないと思われる。「白河以北一山百文」視の拒絶は強かったが、最たるものは一九〇一年一〇月三日付『日本』に載った陸羯南《くがかつなん》「北日本と北英国」だろう。東北とスコットランドを比較して、東北人士よスコットランド人に見習えと叱咤している。

東北の侮《あなど》られ、無神経といはれ、一山百文といはれたる、亦《ま》た久しとせざるか、寧《むし》ろ西南を畏《おそ》るゝも、西南に畏れられざる、之を蘇格蘭《スコットランド》に比する、実に著しき懸隔あり。スコットは英人を以て与《く》みし易しとす、而《しか》して英人の之を憚《はばか》ること、甚し、スコットは自らスコットたるを名誉とし、敢て英人と呼ばるゝを欲せず、英人の事業を聞く、則ち冷然と曰《のたま》ふ、英人に相当なるべしと。

「白河以北一山百文」をめぐる言説[*19]は消えることなく、一九一〇年代以降東北意識の重要な柱として定着する。たとえば、三〇年四月に刊行された『河野磐州伝』は、民権運動草創期の河野広中（福島県三春出身）にこう語らせている。[*20]

維新の際、順逆を誤り、徳川氏を援けて、皇師に抗するや、忽ちにして官軍の馬蹄に蹂躙せられ、復た起つことが出来ず。東北は一山百文に過ぎずとまで軽蔑せられ、明治の新時代に及んでも、常に劣敗者の地位に居り、西南雄藩の支配を受けざるを得ざる有様となつたのである。

また、三二年二月に山形県聯合青年団が刊行した講座第一輯『郷土史講話』にも「いまはしき一山百文の代名詞を返上し、正しく強き東北魂を発揮して事にあたらねばならぬ」と見える。[*21]

さらに、衆議院議員の田子一民（岩手県盛岡出身）も『共存共栄』三五年一〇月号「『陥没東北』の政治的振興」で、「『東北』『東北人』は明治以来、日本国家全体として一つの厄介者扱を受けて来て居る。嘗《かつ》ては戊辰の役の朝敵として取扱はれた。或る人々からは『白河以北一山百文』と軽蔑された」と回顧した。

その一方、会津では「戊辰」の雪辱が図られた。戊辰戦争から六〇年後の一九二八年、皇弟秩父宮雍仁《やすひと》と旧会津藩主松平容保《かたもり》の四男恒雄の長女節子が結婚し、天皇家と松平家がつながる。三七年には『近世日本国民史』を執筆していた徳富蘇峰が会津若松で会津藩の「尊皇の大精神」を称賛し、三九年には在京会津会で、「維新の歴史には、逆賊などということは、存在の余地がない。徳川慶喜公と会津の殿様は逆賊の両横綱となっているが、これはとんでもない大間違いである」と断言した。[*22]

このような「白河以北」史観からの解放は、東北全体にとって敗戦後の第一歩でもあった。憲法草案で知られる鈴木安蔵（福島県相馬郡小高町〈現・南相馬市〉出身）は、『青年ふくしま』四七年四月号に「郷土の青年諸君へ」を寄せ、「白河以北一山百文――これこそ明治維新のさいに、歴史の発展におくれたわが東北人にたいして、とまれ歴史を推進した西南人の放つた烈しい批判であつた。〔中略〕東北藩が当時の歴史発展の正しい動向を理解しえず、封建的人情に盲目となり、固ろうな感情のとりことなつて、反動の役割に、あたら貴い血を流した痛切な経験は今日こそ正しく活かさねばならない」と述べている。「歴史の発展」の先頭に立て、との想いであった。

第六節　戊辰戦争・明治維新と東北

戊辰戦争・明治維新以降、〈勝ったものは正しい〉という価値観の下、東北は煩悶し、戦時期には総力戦体制の底力を発揮し、大陸侵略の先陣さえ切って、「白河以北」史観からの脱出をはかろうとした。[*23] 敗戦により帝国主義的な構造が崩壊したにもかかわらず、東北の歴史イメージは根強く残った。戦後歴史学を領導した石母田正《いしもだしょう》（札幌生れ・宮城県石巻育ち）は一九五二年一二月刊の『季刊理論』別冊Ⅱ（民主主義科学者協会言語科学部会監修）「言語問題と民族問題」に「言葉の問題についての感想」を発表している。当時、歴史学界では民族の問題が提起され、歴史学研究会は五一年度大会で「歴史における民族の問題」、五二年度大会で「民族の文化について」をテーマにしていた。石母田はこう論ずる。[*24]

> 縄文式文化を栄えさせた原始時代をのぞけば、東北は歴史を通じて中央の文化の植民地にすぎなかったのであります。明治維新の革命においては、御存じのように東北は反革命の最大の拠点の一つとなったばかりでなく、自由民権運動の時代における福島県の人々の藩閥政府にたいする輝かしい抵抗をのぞけば、つねに天皇制絶対主義の植民地的搾取の対象であったばかりでなく、同時にそれの支柱の役割をはたしてきました。〔中略〕維新以後、東北が封建的孤立を脱して、統一的な日本国民の形成という大きな進歩的な運動にまきこまれたことは、いうまでもなく東北を解放するための条件をつくりだし、促進した点だけでも偉大な歴史の進展であります。

東北は明治維新以降の「進歩的な運動」によって「解放」されたとする認識は、戊辰戦争を

「封建国家から近代国家へ脱皮するための必然の聖戦」ととらえ[*25]、あたかも中世・近世フランスの宗教戦争や一九世紀半ばのアメリカの南北戦争と同様の「安心できる兄弟殺しの戦争[*26]」として記憶する事であった。「われわれ兄弟という想像力、つまりそれなしには兄弟殺しの安心など生まれようもない想像力[*27]」を成立させることによって、日本においても近代天皇制国家は国民国家として正当化・正統化・必然化された。

これが従来の東北史研究を規定した〈基本線〉である。東北の歴史家たちはこの〈基本線〉の再検討と打破をいくどとなく試みたが[*28]、後進地東北が明治維新以降の近現代によって解放された、という図式は鞏固であり続けた。最近、東北の地から発信されている歴史研究[*29]は、〈基本線〉へのあらたな挑戦にほかならないだろう。

東日本大震災は、わたしたちに「白河以北一山百文」を思い起こさせた。被災地復興をめぐる国会審議のなかでも再三再四、東北出身の代議士からこのフレーズが発せられた。近現代を通じて、西と東、南と北の格差は単純で水平的地理的な空間構造から、〈中央と周辺〉というあらたな複雑で垂直的権力的なピラミッド構造に変容し、さらに〈中央と東北〉〈東京と東北〉という格差・序列・分断関係に近代化され、複雑な様相を呈してきたかに思えた。しかし、ことはそれほど進化せず、シンプルでプリミティヴな認識が持続していた。

二〇一七年に発覚した西南出身の復興大臣による東北差別発言「まだ東北で良かった」は、根拠不明の「白河以北一山百文」の視線が社会通念にまで昇華し、その犯罪性と抑圧性に無自覚な人々が、国政担当者の中にさえいまだ生息していることを示す事件だった。

第二章　全体史として東北史を考える

第一節　「東北差別」の基本視点

近代日本において、地域差別――東北や裏日本に対する差別（古厩忠夫『裏日本』岩波新書、一九九七年、阿部恒久『「裏日本」はいかにつくられたか』日本経済評論社、一九九七年、拙著『東北』中公新書、二〇〇一年、同『続・東北』同、二〇〇七年）――が存在していた。

近代史家の小松裕は、「人びとのいのちに序列をつけ、一方は優遇し一方は抹殺するという政策を実施し、それを人びとに当然のこととして受容させていく政策」を「『いのち』の序列化」と呼んだが（小松裕『「いのち」と帝国日本』小学館、二〇〇九年、一一頁）、地域差別とはいわば〈空間の序列化〉である。地域間関係を、産業経済の量的不均等状況を反映させた格差だけではなく、社会文化の質的不均等状況を反映させた序列としてとらえる視点である。

そもそもなぜそうした地域差別がおこるのか。近代史家の岩本由輝はこう述べる。「私は東北開発を考えるとき、東北地方を特殊日本的な存在としてとらえるのではなく、一般に近代の中央集権国家ができるときにみられるように、権力が中央に対する食糧や労働力をはじめとする各種の資源の供給地として周辺に政策的に創出した地域であるという視点に立って考察する〔中略〕今日、一極集中という形で問題とされる格差は、しばしばいわれるような開発の遅れから生じたものではなく、むしろ様々な資源の地方からの収奪という形で展開された開発の帰結である」（岩本由輝「近代東北の『開発』と福島原発事故」、東北史学会ほか編『東北史を開く』山川出版社、二〇一五年、九二頁）。岩本は資本主義国家が求める一般的な機能・原理・型として、日本に限らぬ〈空間の序列化〉というヒエラルヒー構造をとらえている。

ヒエラルヒーは可視的とは限らない。たとえ見えていたとしても、問題視されにくい場合がある。どういうことか。〈自然〉で〈宿命〉的なものとして、軽視・等閑視・当然視されるということである。いわば〈見えない歴史〉〈見せない歴史〉化である。二〇一一年三月一一日に起こった東日本大震災は、〈空間の序列化〉を我々に再発見・再認識、すなわち〈見せた〉。山形県出身の小松は震災直後につぎのような苦渋と自責に満ちた言葉を刻んでいる（『真の文明は人を殺さず』小学館、二〇一一年、九―一〇頁）。

東北出身の私には、心の奥深くに日本の近代化そのものに対するルサンチマンが渦巻いているのを否定することはできない。戊辰戦争で「朝敵」の汚名を押しつけられたばかりか、その後の近代化に取り残され、その結果として「表日本」である太平洋ベルト地帯への「ヒト・カネ・モノ・エネルギー」の供給地とされてしまった東北地方が、なぜこのような大きな被害を受けなければならないのか。〔中略〕嗚呼、東北は不幸なり。心の底からそう叫びたい思いでいっぱいである。だが、このような構造を受け入れ、安楽な生活をむさぼってきた自分も「共犯者」の一人でしかない。また、日本人の一人としては「加害者」としての側面があることも否定できない。

小松はまた二〇一三年におこなったある講演会で、同年六月五日の復興庁復興推進委員会『新しい東北』の創造に向けて（中間とりまとめ）』「おわりに」に記された先進的核融合研究開発への言及に対して、「なぜ、核の被害を受けて苦しんでいる東北に、性質が違うとは言え、新たにまた核融合の施設を造る。どうしてこういう発想が出て来るのか。同じ人間として、本当に腹立たしくてたまりません。バカにしていますね、東北の人たちを。この問題を話し出すと、我を忘れて、何を言い出すかわからないので、この程度にしておきます」と怒りを表明している（小松裕「田中正造と現在」、田中正造研究会編『小松裕の忘れ物』田中正造研究会、二〇一七年、三五頁)。

第二節　東北の構造的位置

(1)東北開発論

収奪される東北の姿は戦前戦後を通じて、基本的に変わらなかった。凶作に見舞われた一九三四年一二月に東北振興調査会が発足し、翌三五年五月には内閣東北調査事務局(三七年一〇月に内閣東北局と改称)が設置されるが、所期の目的を達成したとされ三八年四月に調査会は廃止となる。しかし、アジア太平洋戦争の開戦直前の四一年一一月に臨時東北地方振興計画調査会の設置が決まる。翌四二年一月の調査会会議で東條英機首相は、東北振興は「現下我国の総力を発揮する上に於て実に欠くべからざる緊急のこと」と宣言したが(岡田知弘「災害と開発から見た東北史」、大門正克ほか編『「生存」の東北史』大月書店、二〇一三年、二八頁)、東北振興の国防的位置づけは同年七月に東條に答申された「東北地方振興計画要綱(第二期)」にも明らかだった(『人口問題研究』一九四二年六月号「臨時東北地方振興計画調査会の第二期振興五ケ年計画の決定」）。

こうした認識は東北各地にも受け入れられた。たとえば『山形新聞』は、「我々東北民としては大東亜戦争は我々が原動力となって戦い抜くのだという自信を以て『各種の豊富なる未開発資源を有する土地として最も期待されている東北地方』の開発に当らなければならぬ」と覚悟のほどを示し（一九四二年七月一日付「東北民自身には今更他力的なる救済などを宛にしている者は一人もいない」）、『月刊東北』（河北新報社）も、「一と山百文といはれた東北の山々は今どうであらう。軽侮され顧みられなかつたその余力が、或は鉱山資源の宝庫として、或は山林木材、薪炭、採草など、すぐ役立つ戦力でないものは一つもない。東北の山々は到るところ戦力が唸つてゐる」と戦時東北の使命を明らかにした（一九四四年一〇月号「戦力唸る東北の山々」）。

敗戦後もこの自覚は続く。四六年に岩手県盛岡で刊行された『東北産業』一巻一号の「創刊のあいさつ」は、近代日本は「西日本」に重心をおいて大陸発展を図ってきたが、これからの「平和日本の産業再建」には、「現下最も不足してゐる鉱物資源の生産地たる東北日本にこそ重心を移すべきである」と主張している。

復興期から高度経済成長期にかけても同様の認識である。五一年一月に創立された東北開発研究会（会長は東北大学学長高橋里美）の創立趣意書には、「私どもひそかに国家の現状を考えますに極端に国土の縮少された日本はその国土を最もよく利用しなければならない立場にあります。しかるに実情は、北日本の豊かな資源は真の意味の活用がなされず多くは極めて不徹底の開発しか行われておりません」と見える（『東北研究』一一巻五号、一九六一年、「第二の出発」）。東北の資源活用を通した国土振興の構想である。六二年一月に経済企画庁の認可団体として設立された東北経済開発センターの機関誌『東北開発研究』創刊号の「東北の経済開発を語る」も、「日本は戦争のためにほとんど領土を失い、東北を除いては、これから発展してゆく余裕がありません。最も汚されない処女地として、しかもいろんな資源、例えば森林・砂鉄や、労働力を持っている。いわば、物的、人的資源を持っている土地というものは、東北の広域しかない」と、東北開発の国家的意義を強調している。

(2) 東北＝〈最終歴史過程〉論

戦後復興の尖兵として東北を位置づける論調は幅広く見られたが、そうした中で一九四六年元旦付『東北文学』（河北新報社）創刊号に掲載された船山《ふなやま》信一の「東北的性格」は特異だった。マルクス主義哲学研究で知られていた船山は山形県東置賜郡吉島村（現・川西町）の生まれで、当時は河北新報社論説委員であった。船山はつぎのように述べる。

東北はいつの時代に於ても革新派、革命派ではない。それは進歩派でさへもない。然しそれかといつて東北は反動派でもない。〔中略〕東北の本領は正に保守的であるところにあるのである。〔中略〕徐々にではあるが結局時代の流れにそうて行くのである。之は悪くすれば現実追随主義になるが、然し又それだけ堅実でもある。原動力にはなれないが最後の動きを決定するものとなる。主動力ではないが東北が動くことによつて成敗は決るのである。東北をつかんだものが成功者となるのである。さういふ意味で東北は最後の動きを決定する。

言うならば、東北は歴史の〈最終過程〉〈完成空間〉と位置づけられている。しかし、これは必ずしも哲学者特有の慧眼とは言い切れない。船山と同様の視点は近世史家藤田五郎の一九四八年の著書『日本近代産業の生成』に見出すことが出来るからである。藤田は紡績業と共に日本経済の発達の基軸である製糸業の構造把握は、日本近代産業の構造を示す最適のメルクマールであると論じ、福島県製糸業の構造究明は一般的意義を有すると述べた上で、つぎのように展開している（『藤田五郎著作集』第一巻、御茶の水書房、一九七〇年、一七六頁）。

東北地方が最もおくれて産業化したということに鑑みて、従って、東北地方における近代産業の成立の中には、日本近代産業の生成に対して、いわば最も純粋なそして典型的な「型」をその中から汲みとることが出来るという意味において、東北地方の「型」は、最も純粋的に、最も典型的に、日本近代産業生成の「型」を暗示しているものであろう。

藤田は〈東北地方の「型」〉に「日本近代産業の生成の問題に対して特異な意義を持ち得る根拠」を見出している。さらに藤田の視点は後年の一九八〇年代、入間田宣夫の論文「守護・地頭と領主制」へ引き継がれたのではなかろうか（歴史学研究会・日本史研究会編『講座日本歴史』3、東京大学出版会、一九八四年、八七頁）。

日本六十余州の東境に属する最僻遠の地、頼朝の軍門に降ることもっとも遅かりし奥羽の地、破壊を蒙ることもっとも深甚なりし廃墟の地は、まさにそのことゆえに、幕府支配制度のもっとも完成された姿、その典型とでもいうべきかたちをみることとなった。それは「東国における幕府の地方支配組織のモデル」〔中略〕であるだけにはとどまらず、日本六十余州における幕府支配制度のモデルでもあった。〔中略〕鎌倉幕府の本質は、日本六十余州の周縁部たるこの奥羽において、そのもっとも明瞭な姿を現わすこととなった。

船山において〈最終歴史過程〉として認識された東北は、戦後歴史学においても中世や近世の〈最終段階〉〈完成空間〉ととらえられ、それぞれの時代構造の純粋・典型・モデルと形容された。この位置づけこそが、東北史が全体史を展望しうる根拠の一つである。

第三節　植民地・後進地・帝国

(1)東北＝植民地論について

東北をめぐる植民地論を考えてみよう。経済学者の松本武祝は東北に関して二つの視角、第一に「日本資本主義の中心との位階的な垂直的分業関係」、第二に日本資本主義と「近隣アジア地域との垂直的分業関係」を提示する。前者から、戦前は「農産物（特に米穀）の供給をめぐって植民地朝鮮・台湾と競合的な関係が激化」し、戦後は「工業（労働集約的加工組立型工業・装置型重化学工業）製品の供給をめぐって、韓国・台湾との競争関係に直面」したことを指摘し、後者から、戦前は「兵站基地（軍馬・兵力・移民）として、日本帝国主義の対東アジア侵略を支え」、戦後は「中心部への資源（電力）や労働力の供給地として、また低賃金を求めて中心部から進出する企業の受入地として、日本資本主義の資本蓄積に貢献し、その結果として、東アジアにおける『鵜飼経済圏』構造の再生産を促す役割を果たした」と論じている（松本武祝「東北地方『開発』の系譜」、同編『東北地方「開発」の系譜』明石書店、二〇一五年、二一八頁）。[*1]

日本資本主義の中心部との関係において、東北と朝鮮（韓国）・台湾はいずれも周辺部として（国内外の）植民地規定のもとに置かれがちだが、松本は「『植民地』という用語法に依拠して両者の同質性を強調するよりは、両者が置かれている政治的・経済的そして歴史的地位の差異に着目しつつ、東北地方『開発』の国際的契機を、従属／支配をめぐる複合的な視点からとらえることがむしろ重要であろう」と述べている（同前二九頁）。

また東北＝国内植民地規定について、近代史家の白木沢旭児は「国内植民地」は歴史学あるいは経済史の分析概念として有効なのだろうかと問題を設定したうえで、「北海道の制度と社会は『内地府県』よりもむしろ樺太に近似している。こうした北海道と東北を比較すると、明らかに東北は本国（内地）であって、植民地的性格はほとんどないように思われる」と整理し、「戦時期東北振興事業の低調さと戦後東北地方開発の停滞は、むしろ東北が植民地ではなく、本国（の辺境）であったことの証左ではないだろうか」と疑問を呈している（白木沢旭児「東北地方経済史の新視点」、前掲『東北地方「開発」の系譜』一七三頁）。「低調」「停滞」は植民地ではなく辺境のイメージだという指摘はひとまず留保するが、松本と白木沢の論点から、東北の〈植民地性〉は国際環境の中にどう位置づけられるのか、という問題が提起されている。この点は後述することにしよう。

一方、東北を国内植民地と位置付ける論者として、経済学者の岡田知弘がいる。岡田は一九一〇年代の東北経済の「後進性」に注目して、「産業資本確立・帝国主義転化期の日本にあって、一方では米を中心とした第一次産品と資本主義的労働市場および北海道拓殖への労働力供給地、他方では外米や肥料・軽工業品の移入地として、『国内植民地』的役割を果した」と規定している（岡田知弘『日本資本主義と農村問題』法律文化社、一九八九年、六五頁）。

筆者も岡田説に同意するが、植民地論とは制度や産業の問題ばかりではなく、心理や意識、精神や思想の領域でもあるだろう。たとえば、ジャーナリストのむのたけじ（武野武治）は一九四八年二月二日付の『週刊たいまつ』創刊号社説「ダルマさん、足を出せ」で、「東北を形容する言葉の一つに『日本の植民地』というのがある。東北人としてこんなことをいわれるのは残念な話だが、政治、産業、文化にしても東北は立ち遅れている」と述べている（第五章参照）。これは東北人の被害妄想ではない。前述の小松の発言もそうだが、東北社会の実態をふまえたリアルな自画像・自己認識である。

近年、セトラー・コロニアリズム（Settler Colonialism）という概念が注目されている。石山徳子によれば、入植植民地主義とか定住型植民地主義と訳され、入植者たちが移住先の土地に留まり、新しい国家を形成し、発展させていくためには、先住民族の排除・不可視が戦略的に必要だったというコンセプトである（石山徳子『「犠牲区域」のアメリカ　核開発と先住民族』岩波書店、二〇二〇年、一章）。日本北方地帯において、セトラー・コロニアリズムが北海道・樺太・千島に当てはまるとするならば、東北はノン・セトラー・コロニアリズム（非入植植民地主義・非定住型植民地主義）と呼ぶことが出来るだろうか。後述したい。

(2)内攻する国民国家

自画像だけではなく、他者像も含めて、東北像の系譜をスケッチしてみよう。明治中期から豊富な東北論が生産されるが、一八九二年に長田権治郎《ながたけんじろう》の『東北論』が出ている。長田はその後『維新豪傑の情事』（一九〇一年）、『徳川三百年史』（一九〇三年）、『戦国時代の群雄』（一九一二年）ほかの史論を多数著すが、『東北論』は「立憲制の眼中には一国あつて一地方なし」と国家第一主義を説き、「薩摩潟に漁する者も陸奥の山に黄金掘る者も一箇の国民として其意志を代表し、其権利を執行するに於て、何の差別する所あるべき」かと立憲制下の日本国内における地域的平等性を主張している。

しかし、現実的にそれは絵に描いた餅だった。九八年刊行の伊東泰治《たいじ》『東北振作論』は、「優勝劣敗の真理は独り甲乙人種間に行はるゝのみにあらず、同一人種、同一国民中東西其地方を異にし注意着眼の鋭鈍、若くは事業経営の前後等あるにより一は勝者制者となり、他は敗者被制者となる、今ま《ママ》此真理を持ち来りて之を我東北地方の農民に擬するに、彼等の所為は一に敗者劣者たるの一方に傾きつ、あり」と東北社会の劣性をとらえている。優勝劣敗法則はナショナルな「同一国民」内にも貫徹されていると論じられた。

東北論の白眉、福島県相馬郡出身の半谷清寿の筆になる『将来之東北』は一九〇六年に出版されているが、長田や伊東と同様に「西南と東北とは、東西相対して隠然敵国の観を為し、一方は時勢の順潮に乗じ他の一方は時勢の逆流に立ち、所謂一毫《いちごう》の差千里の謬《あやま》りを致し、蕞爾《さいじ》たる島国内に在りて東西の間文野貧富の別を生じて、政治に経済に将た社交に不調和極れる現象を呈するに至れり」と記している。東西日本は「隠然敵国」の如く対立し、国内は貧富の差を抱えた極端な「不調和」に満ちていると訴えた。*2

格差・差別に根差した対抗意識は、東北地方でも雪害に苦しめられた地域でひときわ強かった。山形県北村山郡出身の松岡俊三が三〇年に出した「雪害建白書」は、アメリカの南北戦争を引き合いに出して、「帝国の過去、現在各種政治施設の跡を凝視するに、天恵頗《すこぶ》る稀薄なる雪国に住む吾か同胞は、同一皇民たるにも拘はらす常に疎外せられて、之を四時天恵に浴し嬉々として家田に親しめる南方に住む同胞に比して、実に雲泥の差等ある境地に置かれあり」（松岡先生伝記刊行会編『松岡俊三先生』図司事務所、一九五七年、二三頁）と指摘した。およそ非現実的であったものの、日本における内戦＝南北戦争の勃発の可能性さえ匂わせたのである。

(3) 復讐する地域意識

第一章でのべたように、東北意識は「白河以北一山百文」という侮蔑的なフレーズに対する復讐心を生む。松岡俊三の弟子で雪国更生協会理事だった図司《ずし》安正が一九三四年に出した『東北地方大凶作の原因・現状・対策』は、「東北振興の声ほど空念仏はなく、東北振興の決議や発表ぐらゐ、東北人を馬鹿にした空手形なるはない。其の何よりの証拠が、年々歳々其の声が絶えぬことそれ自体だ。吾等は東北振興といふやうな野蛮文字が、現代社会より一日も早く抹消されんことを切実に祈つてやまぬ」と論じ、東北振興を「空手形」「野蛮文字」と拒絶することで、自立的な「東北党」の結成さえ提唱した。

岩手県北上で発行されていた『共存共栄』の誌面も極めて興味深い。同誌の発行兼編集人で当時黒沢尻町（現・北上市）長だった沢藤幸治が一九三五年九月号に論説「東北を如何にするか政府の反省を促す」を載せている。沢藤は東京や大阪で新聞・雑誌の発行を経験し、実業界にも進出していた。地方の名士であると同時に、中央の動向にも詳しかった。その彼がつぎのように強烈な政府批判を繰り広げている。昭和恐慌期の東北の叫びとして聞きたい。

明治政府以来この方、東北に対し国家的施設として政府は何をしたか。地理天候に恵まれず冷寒と積雪による打撃は、農耕に労働に日常生活の上に不利と苦痛を多からしめてゐる上に国家に対する負担を均等に課せられ、一朝国家の有事に際しては国家の強兵として第一線に血税を捧げ来つた我東北に対して、明治以来の政府は国費負担による施設或は事業の何一つ目ぼしき事をしてくれたか。東北の実情を無視した政治、之を以て我々東北人は久しきに亘《わた》り、政治的に恵まれざる不平を今こゝに爆発させることに何の不思議も不合理もある筈がない。

沢藤は国家に対する負担の平等（悪平等）が、結果的に不平等を招来させたと批判し、今日までそうした状況を耐え忍んできたのは「余りにものんきな東北人の腑〔不〕甲斐なさ」の現われだと指摘した。結びはこうである。「今日東北を悲惨のドン底に叩込んだのは、凶作よりも災害よりも従来政府の執つた政治が誤つてゐたからである。我東北人は今や絶対のところに来て仕舞つた」。地方政治を担当する責任者としてギリギリの心境であっただろう。

沢藤は翌一〇月号の論説「県民を侮辱する声」でも、自己責任・自力更生論を押し付ける支配者に向って、「明治維新この方、俺等が地方経営の上に何事を指導してくれたか、融通のきかぬ劃一的な法律規定などでソレもいけないコレもいけないと手足を縛つて俺等が地方の特殊事情などはテンから顧みもせず却つてヒドイ目にあはせてきてゐるでないか」と怒りをぶつけている。〈平等〉や〈画一〉は格差・序列・差別の隠れ蓑だった。

(4) 捻じれる自画像

一九三一年の満洲事変、翌三二年の満洲国建国以降、日本国内から満洲、すなわち中国東北部への移民が本格化する。『共存共栄』三三年五月号の論説「岩手の満蒙移民問題」は、満洲移民として適切なのは厳しい自然環境に対応できる「北陸、東北、信越、北海道の農人」で、中でもリーダー的存在は岩手県民だろうと論じている。『共存共栄』はその後も「満洲進出の重要性岩手満蒙移民団を組織せよ」「岩手満蒙移民団の組織　日本民族の満洲進出の文明史的意義」「満洲進出と伯国〔ブラジル〕移住」など満洲移民を促す論説を掲載しているが、満洲移民の主体を東北と位置づける考えはすでに他地域でも見られ、『山形公論』二〇年一〇月号には論説「満洲開発は東北人の特権―広漠たる満洲の天地は諸君を招ぐ―」が載っている。

しかし、東北にとって満洲は悩ましい存在でもあった。『共存共栄』一九三五年一〇月号の田《た》子一民《こいちみん》「『陥没東北』の政治的振興」はこの問題を衝いている。満洲国建国は日本にとっては

「祝福」すべきかもしれないが、東北にとっては「圧迫」でしかない。なぜならば、満洲と東北は農産地としてライバルであり（前述の松本が指摘する第一の視角）、満洲向けの日本の工業製品も「東京以南」から輸出されていた。現実的には「満洲、朝鮮、九州、四国、中国、近畿等」が「一経済単位」を形成して経済的水平線上に浮上しているのに対して、東北は「陥没」状態に置かれていた。「我国の諸経済事業は、朝鮮、台湾、樺太及び独立した満洲国との関係に於いては、東京以南に幸福を招来すること多く、純農林地方たる東北は益々敗残状態に置かれることを看過する訳には行かぬ」東北にとって、帝国日本の海外膨張は地盤沈下を招くものとされた。

この苛立ちは田子のような中央政界で活躍する政治家だけが感じたわけではなかった。秋田県増田町（現・横手市）で刊行されていた『東羽新報』三七年六月五日付「幾百万里」は、「南洋、南米進出、可也。満洲、朝鮮開拓、可也。樺太、北海道移住、更に可也。〔中略〕然れども渺茫、幾百万里。此山河と田野は如何。〔中略〕離村の壮者、離村の子女年々、幾百ぞ。壮時を都市、異域に送り或は病み、或は疲れ、加之幼弱を伴ひ、老ひて手足の自由を失ひ空しく郷土に帰り来るものあるを見ずや」と移住によって残された東北の山野、東北を離れて行った者たちの惨状を憂えている。

同じく秋田県で発行された『現代の秋田』三八年一一月号の「東北の労働者に与ふ」という記

事も、「東北の振興！　その声、美である。されど吾等兄弟が真に目醒めない限り、そは、都会人の、資本家の、東北搾取の別名に過ぎないぞ！」と苦渋に満ちた叫びを放っている。

(5)弾ける帝国意識

満洲をめぐるこの矛盾を解消する論理はあっただろうか。一九四二年八月に『大東亜戦争記念懸賞論文入選集・東北人と大東亜的発展』（東京日日新聞社仙台支局）が刊行されている。「東北地方の文化的発展」に寄与せんとした本書に収められている二等当選論文は、この「先古未曾有の超非常時」にいたってなお東北は「『奥の細道』的存在」や「東夷的退嬰《たいえい》」に甘んじていていいのだろうか問い、わが東北こそ「大東亜共栄圏の一環としての重要任務を負担すべき」であり、「艱忍不抜《かんにんふばつ》の東北魂こそは長期建設への全的基礎」であろう、と使命感を顕わにする。そのうえで、つぎのような来歴を披露して、〈東夷〉から〈大和民族〉へ、さらに満洲〈開拓の戦士〉への転位をはかっている。

わが東北の開拓は実に日本武尊《やまとたけるのみこと》武内宿禰《たけのうちすくね》の蝦夷地経営に始められたのである。爾来奈良平安の時代に至るまで多賀城その他の城柵を前進基地として我々の祖先は東夷の征伐と巡撫並びに産業の開発に努力し来つたのである。人或ひは東北人は東夷の末裔であるといふ。勿論長期間に於て若干の混血融化の行はれたることは当然であらうが、我が祖先は本来大和民族であり、中央部より遂次北進し来つたものを本幹とした。即ち「東北人」とはもと〳〵開拓の戦士であり、それはあたかも今日の満洲開拓民にも比すべきものであつたのである。〈我らの父祖こそ大東亜建設の先駆者〉と規定することで、東北と満洲の〈矛盾〉は解きほぐされ、東北人は〈帝国の戦士〉と位置づけられた。〈帝国中枢部＝宗主国〉〈東北＝入植者・植民地開拓者〉〈満洲＝植民地〉という重層的関係が措定され、東北にもセトラー・コロニアリズムが見えてくることで、現実の矛盾は理念的に、あるいは歴史意識の中で解決されたのである。

第四節　死角としての〈民族〉問題

近代東北史をなぞってきたが、大事な問題が残っている。民族問題である。東北を含む北方社会は民族史の世界でもあった。考古学者の藤沢敦は論文「蝦夷を問う者は誰か」において、「蝦夷についてはつねに『なにものであるか』と問われてきた一方で、それに対して倭人あるいは日本人という集団（民族）については、その実存は自明のものとされてきた」と問題を立て（前掲『東北史を開く』五七頁）、つぎのように鋭い蝦夷論を開示している（同前五九頁）。

日本民族の成立の時期や成立過程、その系譜などについての考えの違いはあったとしても、日本民族（とその祖先たち）が実体として存在し、日本列島において営々と歴史を育んできたと考える点では、明治時代から今日の研究者にいたるまで、じつは何も変わっていない。そこには近代国民国家のもとで形成された民族意識を基盤に、日本民族なるものの実存は、疑うことなき前提であるという意識がある。日本民族については、その実存を決して問われることのない天空の聖域においたうえで、蝦夷など周辺諸民族・諸集団を云々する姿勢は、歴史実態から帰納されたことではない。近代以降の日本とその周辺との関係、そこで形成された意識を過去に投影した、倒錯した見方である。

藤沢の見解を筆者も支持するが、ここで問題とされるべきことは、蝦夷がアイヌであったかどうかではない。実体・実存問題として対象化・分析化されている人間集団は、マジョリティとして措定されている〈日本人〉の方なのだ。かかる認識は早くはアイヌ史において佐々木昌雄がつくりあげてきたものである。[*3] 佐々木は一九七一年の「映画『アイヌの結婚式』にふれた朝日新聞と太田竜」の中で、「結局、現在、『アイヌ』と言われる者は誰なのか？『アイヌ』が生物学的な意味で『アイヌ人種』なのではない。この〈日本〉と名乗る共同体が、『アイヌ』と呼ぶから、『アイヌ』なのだ。『純血』であれ『混血』であれ、またどちらでなくとも、戸籍の上にかつて『旧土人』と記された家系であれば『アイヌ』なのだし、あるいは戸籍などどうであろうと、見かけが『アイヌ』であれば、『アイヌ』なのである」と発言している（佐々木昌雄『幻視する〈アイヌ〉』草風館、二〇〇八年、一二一―一二二頁）。

この地平は鳩沢佐美夫の文学をとらえた「解説　鳩沢佐美夫の内景」（『コタンに死す　鳩沢佐美夫作品集』新人物往来社、一九七三年）において、「〝日本〟と名宣る共同体と共同的な意識」はつぎのように展開されている（前掲『幻視する〈アイヌ〉』一三一―一三三頁）。

これらの二つの作品（石森延男『コタンの口笛』、武田泰淳『森と湖のまつり』）は、とにもかくにも〝シャモ〟からの〝アイヌ〟像を提出している。そして、その像はこの〝日本〟の共同的な〝アイヌ〟像から逸脱していない。それは何故か。おそらく、二人の作者が〝シャモ〟として在る者と自らを意識したとき、その在り様を〝アイヌ〟を描くことによって確認しようとしたことにアポリアがあると思われる。まず描き出すべきだったのは、〝アイヌ〟に対して〝シャモ〟として在る者自身ではなかったか。

佐々木の視点を受けとめた哲学者の花崎皋平は、「佐々木昌雄がこの『解説』で明晰に、断乎として指摘しているのは、シャモ（和人）の共同意識をこそ対象化せよ、ということである。その共同意識なるものは、アイヌに、民族としての主体性の主張を捨てて同化せよ、と迫る一方、自分たちに都合のよい部分においてだけは〝アイヌ〟として在ることを強いる社会的圧力をかたちづくっている」と解釈している（花崎皋平『民主主体への転生の思想』七つ森書館、一九八九年、四四頁）。佐々木に沿って言えば、それは「私が帰属すると決めつけられている集団の仮想の像」「〝異族〟の仮想の姿」の「不可解な強制」であった（「〝シャモ〟は〝アイヌ〟を描いた」一九七四年、前掲『幻視する〈アイヌ〉』一六三頁）。

鳩沢・佐々木・花崎そして藤沢と続く議論は、たんに日本とアイヌの関係をインタラクティブにとらえよという提言ではない。両者の関係性に見られる一方的な権力性や虚偽性に目を閉ざすなということである。この点に関して、テッサ・モーリス＝スズキの言葉が重い。スズキは「日本とアイヌの物語が強調するのは、大規模で富裕な国民国家が歴史の唯一の遺産相続人、近代の唯一の保持者とみなされ、差異は何らかの形態の『後進性』の産物、浅瀬に打ち上げられた太古の社会の刻印である、という根深い世界観を克服することの重要性である」と抉り出している（テッサ・モーリス＝スズキ『辺境から眺める―アイヌが経験する近代―』みすず書房、二〇〇〇年、六三頁）。この列島において〈日本人〉との間に差異を有する（強制される）人間集団は、〈日本人〉に対する「先進性」ではなく、決まって「後進性」の産物として評価され、「太古」からの民とみなされるしかなかったのである。東北は〈我々の民族問題〉を考える場としても、とらえられるべき世界である。

たとえば、つぎのような「地域」観をわれわれは、他者認識として受けとめるべきなのだろうか、あるいは自己認識として受けとめるべきなのだろうか。「蝦夷人種は日本人以外の日本人なり〔中略〕吾人東北人たるもの、今日吾人が生活する所の天地は、曾て彼等〔蝦夷人種〕の祖先が経営せる所なりしを追想し、我東北の山川は、一度は彼等の祖先が猟漁の場たりしことを追懐せは、其の感情果して如何ぞや、如何に優勝劣敗は物の定数なればとて、彼等の前途益々悲境に沈み行くを見て、之を雲煙過雁に付するは是れ我同胞の面目と謂ふを得べきか」（岩手県花巻『偕同雑誌』創刊号、一八九一年、「蝦夷」）。

第五節　東北史から全体史へ

三・一一の地震と津波によって起こった最大の惨害は東京電力福島第一原発爆発事件だろう。この事件によりあらためて東北が東京（中央）の植民地であり、従属的立場に置かれていることが浮き彫りになった。この問題については中嶋久人の『戦後史のなかの福島原発』（大月書店、二〇一四年）が詳しい。終章で詳述したい。

三・一一は東北史を切断したかのように見える。未曾有の惨害が東北社会を潰滅させたという理解である。個人の生活次元、地域社会の在りようにおいて凄まじい断絶と分断がおこったことは明らかである。と同時に三・一一を挟んで東北は一貫して底知れぬクライシスの中に置かれ続けている。それは明治維新以降の東北をめぐる〈格差〉〈序列〉〈差別〉を想起すれば足りるが、こと原子力政策に限っても、東北が置かれている状況は基本的に変わらない。

小松裕が怒りを露わにした二〇一三年六月五日の復興庁復興推進委員会『「新しい東北」の創造に向けて（中間とりまとめ）』は、翌一四年四月一八日に『「新しい東北」の創造に向けて（提言）』にとりまとめられた。小松が怒りの矛先を向けた先進的核融合研究開発については、「被災地は、再生可能エネルギー資源の賦存量と密度が豊富であることから、その導入を推進。その際、再生可能エネルギーについて、首都圏等に供給する機能に加え、その地域内での利活用を可能とする地域エネルギーシステムを導入することも重要」「東北メディカルメガバンク計画や先進的核融合研究開発に関する幅広いアプローチ（BA）活動に取り組むほか、国際リニアコライダー誘致等の動きもある。復興庁と各省庁が密に連携し、東北において、経済成長戦略や科学技術イノベーション等の取組を重点的に推進していくことも重要である」（おわりに）と述べられている。[*4]

この提言は三・一一が指し示した人類史的反省を素通りして、被災地に先進的核融合研究開発という名のあらたな核開発を押し付けている。国際リニアコライダーも学術的に議論がある。最も問題と思えるのは、原子力委員会が一九六八年から一九九二年まで三段階にわたって「核融合研究開発基本計画」を推進し続け、二〇〇五年一〇月二六日には原子力委員会核融合専門部会が「今後の核融合研究開発の推進方策について」をまとめ、その延長上に二〇一四年四月の『「新しい東北」の創造に向けて（提言）』が出されてきたということである。つまり、このクニの原子力政策は三・一一をまったく意に介さず、粛々と推進されている。[*5] その冷酷さをもって、東北はあらためて、これまで以上に、〈格差〉〈序列〉〈差別〉の連鎖構造の最底辺に置かれているのである。作家津島祐子が描いた近未来の二〇四五年東京における「トウホク人」迫害（津島祐子「半減期を祝って」『群像』二〇一六年三月号）は、そうした連鎖構造の最悪の想定シナリオであろう。

かかる連鎖構造を打破するためには、反差別の連鎖構造／連帯する共存構造を構築するしかないだろう。資本主義国家が差別の連鎖構造を不可欠とするのならば、連帯する共存構造を包摂・再生産する市民的公共空間を構築するしかないだろう。東北史の意味するところは、連鎖構造／共存構造を探り当てるための有力な〈窓口〉であるということである。本章の表現をもちうるならば、〈最終歴史過程〉として全体史を展望するところにある。

第三章　東北凶作・飢饉と資本主義・帝国主義

第一節　「東北型」の誕生

近代史学における東北の登場は一九一六年の『奥羽沿革史』（日本歴史地理学会編）だが、社会科学においては三四年の山田盛太郎『日本資本主義分析』で日本農業のタイプとして「東北型」と「近畿型」が提示され、四三年の栗原百寿《はくじゅ》『日本農業の基礎構造』において「東北区」と「近畿区」という「一貫的な発展構造の段階」が示され、「東日本に対する西日本の先進性」という「歴史的発展序列」が打ち出される。段階論の一方で類型論も展開され、『経済評論』三五年二月号の平野義太郎「東北地方の凶作」は「東北型」農業をつぎのように説明した。

こゝに東北型とは、日本の半封建的農業の純粋な典型を指す。日本資本主義機構の特質的矛盾ゆゑに広汎に残存再編成せしめられ、全資本主義がその土壌の上に、これを極度に利用しながら発展転化せるその土壌たる――したがつて日本資本主義的全生産関係の不可分の構成部分たると同時に基本的矛盾の一極たる――半封建的農業の純粋な典型そのものがこの東北型である。

平野は日本農業を「純粋植民地的な朝鮮・台湾・満洲型」「半隷農制的寄生的大農場を特徴とする北海道型」「東北型」「近畿型」に四区分し、東北型と近畿型は「日本農業の半封建的土地所有＝半農奴的零細耕作＝借金農奴制土壌から現出せる二つの型」であると指摘した。つまり、前二者は各地域に限定されたのに対して、後二者は本州・四国・九州地域に広く存在するものであり、「東北型」は東北六県をはじめ、「新潟・茨城・栃木より以北の一帯、僻陬の高知・鹿児島」も相似型として含み、岩手・青森・福島三県が「東北型の純粋な典型を表現する地帯」、なかでも岩手・青森両県がその集中的表現とされた。平野は敗戦後の四八年の『農業問題と土地変革』においても再論している。

『歴史科学』三五年四月号の相川春喜「東北型郷村―その型実・地帯の基礎分析―（一）」も類型論だった。東北型は「東北六県をはじめ、茨城、栃木、新潟を含む東北地帯」のほか、「近似的な地帯」の東九州・南海・山陰・中部の各地帯であり、東北型と近畿型に共通する本質について、「農村の封建的＝半封建的零細農業の再生産過程そのもの」である労働地代＝賦役の「残留が、殆んど全国的現象であつて、一東北、或は『山村』の局所的現象ではな」いと述べている。

平野や相川によれば、東北型と近畿型は継起的・序列的に区別される段階ではなく、「半封建」というメダルの表裏関係にある類型であった。戦前では段階論と類型論から二元的・複合的に把握されていた東北が、一九四五年を境に空間的には東北＝「東北六県」に限定され、段階論的な把握＝後進地帯論に一元化・矮小化されていく。このプロセスこそ、東北にとっての学術的な〈戦後〉である。

第二節　昭和初期の東北農村

昭和初期の東北は凶作・飢饉のイメージが強いが、そのとらえ方は一様ではない。たとえば、一九三一年凶作に際して、日本プロレタリア作家同盟（ナルプ）機関誌『プロレタリア文学』三二年二月号「北海道、東北地方の兄弟を救へ！」が、「北海道、東北地方の凶作は、単なる天災ではない。ブルジヨア政策そのもの、破綻なのだ。世界経済恐慌の一環としての農業恐慌そのもの、現はれに外ならない」と凶作の現代性・世界性を指摘したのに対して、『時事新報』三二年二月八日付の大宅壮一「『飢饉』に非ず―東北の凶作地―」は、東北農民の窮迫は「昨年の天候不良に基く急性的なものではなくて、ずつと古い〳〵慢性的なものなのである」と過去数百年にわたる原始的な搾取の堆積によるとその歴史性・宿命性の方を重視していた。凶作をめぐる急性論と慢性論の併存であり、対立である。

凶作の翌三二年、東北は一転増産となる。三三年四月刊行の協調会『東北農業の研究』[*1]は、凶作時には世間の関心は東北農村に集中したが、いまや誰も口にしない、しかし、東北農村の問題はなんら解決していない、「東北の東北らしさ、東北農業の特色らしきもの」の発見が求められる（緒言）、と述べている。

三三年も大豊作だった。同年、米穀統制法が公布される。すでに二一年に米穀需給の調節を目的に米穀法が公布され、米の政府買上げが実施されていたが、三一年に同法は改正され、米穀の輸出入は許可制となり、政府買入・売渡の最高・最低価格が定められた。三二年にも改正され、朝鮮・台湾米の移入が調節される。こうして三三年三月に米穀法廃止、同年一一月に米穀統制法公布となり、米価対策として政府が最高・最低価格で無制限に米買入・売渡をおこなうこととなった。

『秋田県農会報』は三三年一一月号「米価政策に錯誤なきか」で、「米穀統制法実施を前にして、図らずも大豊作を予想され統制法実施上尠なからざる不案《ママ》の念を農林当局に懐かしむるに至り」と米穀統制法の不運なスタートを示唆したが、予測は的中する。

『東京朝日新聞』三四年五月一〇日付「米穀統制法の回顧」は、「日本の農民の大部分は出来秋後の数ヶ月を除けば漸次買米をする、つまり米の消費者の立場に転ずる」と述べ、すでに米価騰貴のため、農民は買米が出来ず、「自分の首をしめられやうとしている」、このまま行けば夏には「重大な農村社会問題」が惹起するだろうと予想した。[*2]

第三節 『農会報』の中の東北

(1) 東北凶作へのまなざし

実際はどうだったのか。農会報[*3]を素材に見てみよう。全国農会の中央機関帝国農会の『帝国農会報』(以下、農会報の閲覧はネット上の Agriknowledge を利用した) 一九三四年一月号に会長牧野忠篤《ただあつ》の名で掲載された「昭和九年を迎ふるに当りて」は、「今や農村は崩壊の一歩手前に留まつて居る」と述べている。これは全般的な農村危機の自覚であった。東北凶作に関しては、同年一二月号に「技術的に見たる東北地方の凶作」と「東北地方の凶作について」が掲載されている。執筆者は前者がコシヒカリやササニシキの基礎となる水稲「陸羽一三二号」を育成した農事試験場陸羽支場（秋田県花館（現・大仙市））の技師寺尾博（のち東北帝大教授）、後者が雪害調査所（山形県新庄）の初代所長山口弘道である。

山口はこう述べる。東北農業はこれまで幾度も凶作に見舞われたが、原因は未解明だった、しかし、今回の凶作によって判明した。「第一は東北農家の知識が一般に可なり遅れてゐると云ふことである。それは南方諸地方と比較すると殊に著しく目立つ。第二は気候風土その他地理的環境に対する適応手段が合理的になつてゐないことである」。山口はこう指摘して、今回の凶作を転機に東北農村が更生することは東北のみならず、「我国全体の利益」であるとむすんでいる。

同号のコラム「農界春秋」は、微妙な言い回しであるが、「軍部予算に比べて農村予算が馬鹿に少ないとは各方面の批判の一致する所、客観的情勢から見て軍部予算が多いのか少ないのかは素人たる吾々には判らないが、農村予算の少な過ぎる事だけは極めて明瞭だ」と政治問題に踏み込んでいた。後述する同時期の哲学者戸坂潤と同じ視線である。

三五年一月号には地質学者田中館秀三《たなかだてひでぞう》の「東北地方の冷害と人口地理学的問題」が掲載されている。田中館は山口と同様に、東北農村の主体的弱さを指摘し、東北の「農村と農家は窮乏することは当然であり、農家の経済状態、生活状態から見て気候に恵まれ、土地に恵まれた日本の他の農村、農家の向上とその健全さと、裕かさに比べると、東北地方農村及農業者の現状は実に肺結核の第三期にある患者に比せらる」と述べて、その抜本的解決策は「北海道移民、樺太移民、満州移民、ブラジル移民等」の道であると論じた。

同号「東北農村と租税負担問題」は、「東北地方の困窮は単に今日の凶作にのみ原因するものではなくて、むしろ恒常的事実として視察されなければならぬ」と慢性的困窮状態を指摘し、原因は税負担の過酷さと不平等性だと述べている。

『帝国農会報』に見られる三四年凶作関連の論説としては、三五年八・九月号の川原仁左衛門《にざえもん》「東北農業の成立条件」が最後である。宮沢賢治研究者としても知られる川原は、「近代資本主義経済への参加が遅く封建制度の余燼を未だに濃厚に保有」している東北農村の窮乏は「封建時代よりの慢性的現象」であって、その原因は「過小農階級の半殺的な永続的な存在」であると指摘している。

帝国農会は三五年二・三月に『東北地方農村に関する調査』凶作編・実態編も刊行している。[*4]凶作篇は、東北農村には「封建的な社会的経済的関係」が濃厚に残存し、「近代資本主義経済体制への適応性」が「幼稚」であると論じ（緒言）、実態篇でも「封建的な生産関係を根強く残存せしめてゐる我国の農業の諸特質は、東北地方の農業に於て最も集中的に具現」されており、「東北農業の特殊性は青森、岩手の二県に於て最も典型的であるが、これを一言にして尽せば『米を作り米を喰ひ得ない農業』である」と論じている（第二章東北地方農業の概観）。帝国農会の東北凶作認識は前述の社会科学のそれの枠内に置かれていた。

一方、各地の農会報を見てみれば、意外なことに東北凶作を報じているのは、『栃木農報』三四年一一月号、『東京市農会報』『佐賀農報』の三四年一二月号の三点のみである。大被害であったにもかかわらず、反響はほとんどなかった。というのも、この年は全国的に凶作であり、東北凶作を心配する余裕がなかったからである。たとえば、『愛媛農界時報』三四年一一月中旬号の巻頭言「お互に災害を分担すること」はつぎのように述べて、自県の損害の大きさを語っている。

> 気候風土等の基礎条件に於て恵まれざるところ多く、殆んど凶作の常習地と目されてゐる東北地方の被害率に比し、米作地としての基礎条件に恵まれるところ多しと見られてゐる本県が、斯の如く東北地方に劣らぬ被害を受けてゐるといふのであるから、本県の旱害が如何に激甚であつたかが証拠立てられると共に、これがため蒙《こうむ》る本県農村の打撃が如何に甚大であるかも想像に余りありといはねばならぬ。

『栃木農報』「東北地方及那須地方の寒害に就て」は、「本県那須郡は地勢上は東北地方に属すると看做《みな》してよい。強いて云はゞ亜東北地方とも云ふべきであらう」と述べて、栃木県北部が東北的空間であることを指摘している。『佐賀農報』「農界展望　東北冷害惨状」は東北六県および新潟県の惨状を報じ、つぎのような書簡の一節を東北凶作の他者認識として伝えている。

同じわが大日本帝国の土地でありながら斯くも自然の恵に偏因があるのか？　それは自己の身に与へられた天恵としてでなく普《あまね》く九千万同胞の共に受るものにして東北より関西へ関西より東北へお互ひに頼り提携してこそ将来の発展は期せられるべきではないかと思ふのであります

『栃木農報』『佐賀農報』が東北凶作をエピソード的にとりあつかっているのに対して、『東京市農会報』「東北地方の凶作に就て」は詳細な論評である。執筆者の帝国農会参事青鹿《あおしか》四郎は、東北凶作を「苛疎なる天の笞《むち》」「宿命的災殃《さいおう》」とみなし、「慢性飢饉状態から順致さるゝ農民の心理緊張の無弾力性は、其の地方の農村社会組織の向上発展を阻害し、いつまでも幼稚なる発展段階の上に停滞せしめ」ており、東北農村には「粗放生産段階に適応する原始的なる生活様相」が広がっていると論ずるが、注目すべきは東北凶作を「切り離されたる天災の独立的存在」としてではなく、日本資本主義の全構造のなかでとらえている点である。

実にローザ〔ローザ・ルクセンブルグ〕の云へるが如く「資本主義的生産のみの行はるゝ自

給自足的資本主義社会は何処にも存在しない」のであつて、資本に奉仕する下段階群なる一般公式に依つてのみ、売られ行く娘、夜育症の母、乳児の死亡率が理解されるのだ。宿命は自然的災厄であつて、其の宿命は又永遠に資本への奉仕をば、無弾力無防禦の裸姿で余儀無くする第二の宿命の鉄鎖へと引かれるのだ。天災と人災の十字砲火、之が真の姿である。

青鹿は、根本的解決策は「一般資本主義の止揚の領域に包含さるべきものであり、単に一地方的救護事務に依つて解決さるべき程しかく簡単な問題では無い」と断じて、資本主義の「止揚」＝変革の必要を暗示した。

(2)『山形県農会報』

つぎに「東北型」の集中的表現の地帯とはみなされていなかった山形県と福島県の農会報を見ていこう。まず『山形県農会報』一九三四年三月号「農会記事　県下五団体聯合大会　満場立錐の余地なきの盛況」によれば、二月に開催された山形県会・山形県町村長会・山形県農会・山形県耕地協会・農村対策合同調査会の連合大会では「一、時局匡救《きょうきゅう》事業予算を増額し北海道東北六県に対する特別配当を期す　二、東北六県及北海道の地租賦課率軽減を期す　三、東北六県及北海道に適当なる軍需工業の施設を期す」の決議があがっている。軍需産業の誘致をあげている点は見逃せないが、山形農村が置かれた危機とは具体的にどのようなものであっただろう。連合大会宣言の冒頭に「農村は今飯米の欠乏と春繭の大惨落で生活戦線上に大なる異状を来たしつゝある」と見える。米穀統制法による飯米不足は深刻だった。

前述したように三三年が大豊作であったため、東北農家は高い公定価格で米を売ったが、飯米用に買い戻すことが困難となり、その結果「飯米飢饉」が発生していた。三四年七月号の論説「米繭価の帰趨」は、つぎのように事情を説明している。

> 僕の村では現に旧年末から百姓が米を買つて居る、それも相場で買ふなら当り前だか《ママ》、安い人で一俵十円五十銭、高い人は十一円と云ふ米の飯を食つて生活を維持して来たと聞いては可愛そうが通り越して馬鹿々々しくなるではないが《ママ》、それも現状であつて見れば笑ふに笑はれず、泣くにも泣けずと云ふ状態である、百姓遂に頭が上らぬのも当然だ、是を社会問題として見逃がし得るか、太るものは只中間に介在する商人のみ、統制法の御蔭で農家の懐が温かいと思つて居ては大間違ひだ、殆ど大部分の百姓は米を買つて食ふて居る、茲《ここ》に大なる矛盾がある。

さらに追い討ちをかけたのが、前述したような東北凶作に対する社会認識の意外な低さであった。同年一一月号「巻頭言　教へらるゝもの」はこう述べる。東北地方は史上最悪の大凶作に見舞われたが、全国各地でも災害が多発した。それゆえ、九月に関西地方を襲った室戸台風が「悲しくも華かな創傷」であったのに対して、東北凶作は「昨冬から引続いた地味な、ヂリ〲と偉大な迫力を持つ打撲傷」であり、前者に衆目が集中して「遺憾なき手当」が施されたのに対して、後者は「美しき鮮血の蔭に没」した観がある、と。

同号「凶作雑感」も、「政府も世人も関西の暴風害を知るも東北の冷害を知らず、彼方の惨状を口にするも此方の凶作災害にはふれず、彼方の救済に万全を尽さんとする同情あるも此方の対策は未だ成らず、恰《あたか》も我が領土に関西ありて東北の無きが如しである」と述べて、国家救済の東西格差・東西差別を指摘している。

こうした中、山形県米のブランド力の低下が問題となった。三五年に入ると首都圏市場における東北産米の評価について、三月号「京浜間に於ける村山米市況視察感想」は、朝鮮・台湾米など外地米の移入や、内地米の産米改良により、ここ数年「米の洪水」が続き、さすがに「米の王者」であった東北産米の地位が低下していることを報じ、六月号「村山米の消費地たる京浜視察要録」は、かつて他府県米の追従を許さなかった村山米が「今や孤城落日の観」であり、このままでは「自滅」すると危機感を露にした。

九月号「最近に於ける重要農政問題の経過と選挙に対する農業者の覚悟」も、「現在の米穀統制法の制度だけでは不十分であつて、外地米の移入統制こそ米穀政策の根本義なり」と主張するに及んでいる。米穀統制法は東北凶作の解決にはならなかったのである。

(3)『福島県農会報』

つぎに『福島県農会報』を見てみよう。一九三四年七月号「編輯室より」は、「米が高くなつて農家喜べか――、とは単純に申されない。いま農村ではその日〳〵の飯米すら困つてゐるのだ。そこに米が上るのだから農民としては遣り切れない、しかも、新米の収穫を見て、売出す頃に、目下倉庫のなかにギッシリと積まれてある貯蔵籾がその貯蔵期間（十月三十一日）も切れて、市場に出廻ることになる、米価惨落は必然だ。売るとき安く、買ふとき高い、救はれないのは農家ばかりだ。喜ぶのは米商の一味……」と嘆いている。同年九月号「巻頭言　農村不況再認識」はさらに米価騰貴による農家の米購入の困難を述べている。東北の農会報のなかでは『福島県農会報』だけが巻末に文芸欄を載せていたが、三四年一二月号には「凶作の田の面愁《うれい》しも刈りやらぬ稲田の上を木枯らしの吹く」「凶作を語る老父の顔悲し外の面はげしく木枯らしの吹く」などと見える。

しかし、こうした農家経済の危機で誌面が塗り固められたかというと、必ずしもそうではなかった。三四年一二月に会津線が会津田島（現・南会津町）まで延びるが、このときの地元の歓迎の様子を三五年二月号「無題録」はつぎのように伝えている。「田島線開通の十二月二十七日、全通を喜ぶ群に投じ祝賀の小旗の間に挟まれて新線の客となつた。新駅は云ふまでもなく途中の農家や村端の細道まで一杯の汽車見物人だ。みんな嬉しそうな顔、笑つてる顔、顔顔顔、あゝ有難き天恩かな！　山又山の南会にも遂に文明の利器は黒煙をあげ声轟かして這入つ〔た欠ヵ〕のだ。記せよ人々。此日こそ凶作打開農村更生の燧火《すいか》が高く打上げられたのだ」。凶作の打撃を受けた中、人々は鉄道開通に希望を抱いた。同号には「凶作の憂は消えてほの〲と昇る初日によき春は来ぬ」とも見える。

人々の危機感をどう読むかは難しい。凶作をめぐる農民の感情も一様ではない。しかし、重要なのは人々が凶作のなかで自らの心境を詠んでいたという事実であろう。凶作→詠嘆は決して機械的反応ではない。三五年三月号「農村から生活から」は「村の句会」について述べているが、つぎのように俳句を嗜むことは主体的な自己表現そのものであった。

富める者も貧しき者も、兎角《とかく》精神のすさみ勝《が》ちな不凶の今日、其の生活に趣味と娯楽を与へる事は砂漠の旅にオアシスを恵まれる事に比すべきであらう。その趣味の中時間と経費が僅少で、且《かつ》高尚典雅なのは種々あらうが俳句も其一であると確信する。

ところで『福島県農会報』も『山形県農会報』同様、東北凶作に対する社会認識の低さを問題にしている。三四年に続いて、翌三五年も凶作だった。三五年一一月号「凶作地踏査記」はこう述べる。「昨年は初めての凶作のことゝて政府当局をはじめ東京の有力新聞社が濡米《ぬれまい》の交付、政府米の無償交付或は義捐金募集などにより凶作地救済のため尋常ならざる尽力をした」が、今年は「また凶作か」ということで救済を仰ぐことはかなわず、被害の度合いは昨年の比ではない。同号「男の身売話も出てくる村々」も、「聞き飽きた『凶作』の声」「聞き慣れたこの『凶作』の声」と言われ、「全国の同情きふ然と集まつた昨年に較べて余りにも惨めな現状」にあり、「前年の凶作は惨めとはいへそれでも前々年の大豊作の直後のことゝて多少の余裕があつたものだが今年の凶作は踏んだあと蹴られたも同様『どうにもならない』状態」にあると論じた。東北凶作への社会的眼差しは一過性のものとして受け止められたのである。

東北の特殊性を強調する東北主義に立っていたことも確認できる。たとえば、県農会会長大島英二は三五年一月号「年頭所感漫筆」で、「経済上、水平線上にある関西、関東地方と、水平線以下にある東北地方とを同じ行政区となし、同じ政策を施し、同じ保護を与ふると共に同じ負担を課せしむることは不公平の甚だしきもの」だと論じて、「画一主義から適地主義」への政策転換、東北特別行政区設置を要求している。

第四節　創られる東北

『農会報』から明らかなことは、繰り返すようだが、東北凶作への関心が思ったほど高くなかったという事実である。衝撃的な写真や煽情的な文章で悲惨さをセンセーショナルに報じた一般紙[*5]とは対照的であった。女性向け総合雑誌もほとんど東北凶作関係記事を報じてない。大方の女性読者に、東北凶作は函館大火（一九三四年三月）や室戸台風と並ぶ自然災害として報じられ、「同情」以上の対象になることはなかった。その中で『婦人公論』（中央公論社）三四年一二月号は稀な反応を示している。巻末「編輯者のことば」は上から目線であるが、こう記している。

此記事を読まれる時に貴女の胸は曇るかもしれません。けれども、我々は只一時の感傷を戒めねばなりますまい。親達の生活のために売られてゆく娘達の余りに多い実例。「これが？」と思はず叫ばしめる児童のお弁当。その写真をお妹さんのそれと比べてみて下さい。

同情は都会の子どもたちからもされた。東京のある尋常小学校の後援会誌にはつぎのような作文が載っている。[*6]

東北地方の困つてゐらつしやる人々〔と〕〔中略〕毎日々々こまる事なく仕合せにくらして

ゐる私達とくらべると、あまりにおかはいさうでなりません。年々の凶作のために御飯もたべられないで、木の実などをたべてながら、さびしく暮して居て、仕事も出来ない東北の人達のことを考へると、仕合せに勉強出来る私たちは、感謝の気持ちで一ぱいになります。〔中略〕早く私達のお上げする真心のこもつたお金がとゞいて、東北の人達の助けになるやうにしたいと思ひます。

「年々の凶作」という表現に、東北凶作が突発的な大火や風水害などとは異なり、常習性を持っているという認識がうかがえる。女性向け総合雑誌も東京の子どもたちも、比較→優越→同情というプロセスを形成している。凶作はどこにでも起こりうる災害ではなく、都市に暮らす自分たちには原理的に無関係な、東北特有の常習的〈自然現象〉、すなわち〈宿命〉として位置づけられた。

と同時にその〈宿命〉は東北に住まう人々の自己認識と化してもいた。福島市の反響社が刊行した『反響（こだま）』三五年元旦付に「冬の慟哭」と題する誌（友川吉夫作）が載っている（／は改行）。

冬の慟哭《どうこく》がきこえてくる／ある時は地の底から　ある時は曠野の果から／ある時は曇天の中から　窓をしめても耳をふさ／いでも　きこえてくる

あの魂を振憾するやうな　悲痛な慟哭をきい／て北国の人々の心は一やうに　暗い懊悩《おうのう》の洞／穴へと　転落してゆくのであつた〔中略〕それでゐて誰一人として　その慟哭するもの／の　本態を見究めた者はない　厳寒の北国に／住んではゐるが　決して人の視界には現れて／来ない　それは隠者《いんじゃ》の如きであらうか
しかしあの慟哭をきけば　怨嗟《えんさ》と呪詛《じゅそ》と悔《かい》／恨《こん》に　七転八倒身悶えてゐるものの宿命の姿／が眼に浮ぶ〔後略〕

この詩から我々は凶作に打ちひしがれた東北民衆の叫び、「慟哭」を聞く。誰も見究めたことがない「慟哭するものの本態」とはなんだろう。それは「決して人の視界には現れて来ない」「隠者の如き」存在である。「怨嗟と呪詛と悔恨に七転八倒身悶えてゐるもの」、要するに「北国」そのものである。しかし、なぜ「北国」が慟哭するのか、慟哭せざるをえないのか、つまりその「本態」については誰も知らない。「隠者」のようにとらえどころがない。

ここに東北に住まう人々を不安に陥れながら、彼ら自身も知ることがなく、いまだ納得しえていない「北国」＝東北という世界が浮上してくる。作者は東北の身悶えを「宿命」と受け止めている。この時代の大方の東北観であろう。しかし、その「本態を見究めた者」はいない。「宿命」論は東北をめぐる最有力イデオロギーとして、「隠者」の如く一人歩きしている。

第五節　稗と東北

(1)凶作・飢饉と〈原始性〉

東北の凶作で発見されたのは、〈原始性〉であった。たとえば、「ルンペン小説」で知られた作家の下村千秋は『中央公論』一九三二年二月号「飢餓地帯を歩く──東北農村惨状報告書──」において、東北農民がつぎのような〈原始性〉を暴露する声を紹介している。

飢餓は飢餓として救わねばならぬが、同時に、この機会に、岩手、青森の百姓達の生活が、この年まで、いかに原始的な惨めな生活に虐げられて来ているかを暴露して、都会の消費生活者の目を覚ましてやらねばならぬ。昭和の御代に、粟《あわ》や稗《ひえ》を常食とし、ワラの中に寝起きしている日本人がいるのだ、という事実を、為政当局者の眼前へさらけ出して見せねばならぬ！

これが負の側面としての〈原始性〉の指摘だとすれば、『昭和十年　太田正治・都築重雄・茂木和夫「北海道農民が視た凶作地」八雲史料』[*7]は正の側面としての〈原始性〉に注目している。

岩手の農民は実に貧しさに慣れて来た人々である。押しよせる巨濤のように次から次へと襲いかかって来た災害、そのほか災害として片付けることの出来ない性質の経済的打撃にも、彼等は実に辛抱強く堪えて来た。この山間の農民が豊かな原始的生活を楽しんでいたのは何時の時代までであったか。少なくとも彼等が資本主義経済の大波濤に捲きこまれて、急テンポに没落しはじめたのはここ十数年来のことであろう。東北農民の没落過程は、その儘《まま》近世経済の発展過程である。

正反対のベクトルのように見えるが、実はつながっている。すなわち、東北においては、かつての「豊かな原始的生活」が資本主義化のなかで「原始的な惨めな生活」へ「発展」的に転じた、ということである。〈原始性〉が変容したのである。こうした複眼的認識に立たないと、東北の凶作・飢饉の意味を取り違えてしまう。たとえば、三四年凶作・飢饉のシンボルとして流布した絵柄に、稗飯を食す児童や生の大根をかじる子どもたちの写真（『東京朝日新聞』三四年一〇月一五日付「東北の凶作地を見る」、『東京日日新聞』同年一〇月二七日付「凶作の東北を見て」）がある。しかし、農業経済学者の木下彰は『農業経済研究』三五年四月号「経営組織より見たる東北農業の特殊性」において、センセーショナルなジャーナリズムは東北の正確な認識を阻害するものであり、凶作年に限らず東北では「麦粟蕎麦稗大根等の混食」が主食であったと指摘した。

「東北飢饉」はなぜ発生し、どのように記憶されていったのか。近代日本史にとっていかなる位置にあるのか。岩手の地で地域史研究を進めた森嘉兵衛《かへえ》は『農業経済研究』三五年一一月号「東北凶作恒久対策」の中で、つぎのように米作中心主義を批判した。

採算を無視した反当増収競争の奨励は東北農民に何の利益を齎《もたら》したか。稗や粟は小鳥しか喰はないもの、様に考へさせ、米のみが日本人の食物の様な観念を植ゑつけた教育、指導は東北農村に何等の利益も与へなかつたのである。

では、東北農村はどうすればいいのか。森は「かや・はしばみ・とち・くるみ等を植林し、兎・豚・羊・山羊を飼ひ、手工業を興し、水稲を主たる農業を避けなければならない」と提唱し、国有林解放を訴えた。森の視点は東北農業の多元的な展開である。近代の東北農業には、「平地農業と高原農業との区別」も、「南方農業と北方農業との区別」もなく、西洋農学理論が直輸入され、伝統農法は「塵芥」扱いされた。それが今日の東北不振の一因だと指摘した。

⑵差別される稗から、逆襲する稗へ

一九三〇年代、「都会ではちよつと見られぬ食糧」(『東京日日新聞』一九三一年一一月一八日付青森版「牛馬の様な食物で露命を繋ぐ」）、「都会人には想像も及ばぬ」（『東京日日新聞』三四年一〇月一七日付「稗飯は最上等　悲惨な学童のお弁当」）食材と言われた食物がある。稗である。三四年の凶作・飢饉は東北を〈稗以下〉の食生活に落とし入れたとされた。ではそれ以前に東北民衆は何を食べていたのか。米である。「百姓は米を食う事に慣れてい」（『岩手日報』三四年九月一九日付「凶作地　上閉伊《かみへい》を行く」）たし、給食も「米と麦のカテ飯（混ぜご飯）」ならば、子どもたちは恥ずかしくはなかった（『岩手日報』三四年一一月一八日付「冷害地を行く」）。

ところが三八年から三九年にかけて、稗が一挙にクローズアップされる。それは凶作・飢饉対策というより、戦時体制・総力戦体制下の食糧政策としてであった。大凶作の年、三四年一二月に結成された農村更生協会の機関誌『村』三九年五月号は、「稗を蒔こう！　戦時下生産拡充を急速に実現する為には、稗以外の作物は有り得ない。国民食糧として、家畜飼料として——稗を食はう！　太古以来日本民族の根本食料たりし稗を」という宣伝文句を先頭に、「稗」叢書全17輯の刊行を予告している（すべて三九年に刊行[*8]）。

これより少し前、大日本農会機関誌『農業』三八年九月号に小原哲二郎（栄養学）の「穇〔稗〕の栄養価と加工利用法」が載っている。それを受けて同年一一月二二日に農村更生協会は研究会を開き、柳田國男が「稗を語る」と題する談話を行った。その内容が『農業』三九年一月号に載り、さらに同年五月に「稗」叢書第2輯『稗の未来』として刊行された。柳田は、稗は忘れられた作物であり、従来「粗悪なる食物」と言われてきたが、稗の増産は独り東北の問題ではなく「一国共同のもの」、つまり国民的課題だと論じた。米に駆逐されていた稗のリベンジがいまや図られ始めたのである。[*9]

第5輯の早川孝太郎（民俗学）『農と稗』も稗を高く評価し、「食料作物として、古来から此の国土に存在が明かで、然も最も粗放な方法にも堪えて、収穫の確実性がある穀物としては、稗を措いては他に求め得ない」「所謂救荒植物と一緒にして、凶作の食料とし、特に卑しい作物だなどと謂つたのは、同じく農業に関係はあつても、直接に生産に携らぬ階級で、農学者とか亦は司政の衝に在る人々であつた」と明確かつ辛辣に論じている。早川は第6輯『稗と民俗』でも、稗は従来「あまりに世人の関心から隔離された観」があり、「凶荒時の食料」とされ、稲の「作附不可能」時の「急場の補ひ」と消極的に位置づけられてきたが、そうではない、「実際に国民生活と深い交渉を持ちながら、常に閑却され来つた稗を通して、吾々民族の生活の跡をたづね、かくれたる伝統を顧ふ機縁」とせねばならないと警告した。

第10輯の杉野忠夫（拓殖学）『稗と国策』は、稗は飼料であり食糧であると位置づけて、満洲に「飼料増進挺身隊」を送るとともに、国内荒地を利用して飼料増産運動を展開すべきだと提唱している。第13輯の小泉親彦《ちかひこ》（陸軍軍医中将、のち東條内閣厚生大臣）『稗食の栄養について』は、稗食は「将来の大和民族の発展上」重要であると論じている。小泉については、高岡裕之の研究[*10]に詳しいが、医学の活用による「人的戦力」の強化をめざす「軍陣衛生学」の提唱者であり、「衛生省」（「保健社会者省」）の設置も構想していた。小泉は同書の中で、第一次世界大戦の教訓として、戦時食における肉類よりも穀類の優位性を指摘したうえで、米食神話についてこう批判する。「米の魅力は凄いものであります。一度米の味を覚えましたら、如何なる方法を講じてでも米を食ひたいといふ欲求は凄いものである。〔中略〕凡ゆる生活の必需品の一部をさいても米を買つて来るといふやうに、米の魅力は実に大きなものであります。」米の魅力は魔力であり、危険なものであった。小泉は、稗をつぎのように位置づけている。

稗といふものは、今までは知らずに居つたが、重要なる一つの食糧であるといふことを考へなければならぬのではないかと思ふのであります。〔中略〕殊に日本人の食物は外国人と違つて、マア米と塩で出来て居るやうなものであります。そこにこういふ穀類の奨励せられることは洵に結構なことであり、又将来の大和民族の発展上茲《ここ》に思ひをひそめて研究を進めなければならぬと思ふのであります。

このように衛生主義的「社会国家」を提唱した小泉や石黒忠篤《ただあつ》農相らによって、戦時体制のもと、稗は最良最適最強の戦時食とされた。一九四一年には「稗」叢書をもとに農村更生協会は『稗食の研究』を出している。[*11]

(3)「東北飢饉」のメカニズム

一九三四年凶作について改めて整理してみよう。前年三三年、米は大豊作だった。しかし、同年成立の米穀統制法により、公定価格による政府買上げ、飯米の売り払いとなり、三四年五月頃には飯米不足が予想された。農家は米の購入者・消費者でもあったのである。また朝鮮や台湾などの植民地米の大量移入も問題となった。朝鮮防穀連盟、全台湾人民大会、全国農民大会など米をめぐって帝国内は地域対立を見せ始める。

こうして長期的な米をめぐる需要と供給の矛盾が噴出した。「東北飢饉」は凶作そのものの結果として起こったのではなく、市場に出回る米の激減と米価の高値基調の結果として、農家が飢饉に追い込まれたということである。『秋田県農会報』三四年一二月号「寂しく〔昭和〕九年を送る」は、米穀統制法をめぐる複雑な対応をつぎのように記している。

過ぎし八年の終りには其の実施を見た米穀統制法に聊《いささ》か遺憾を見た米価にも拘はらず、之を其の以前に比べては心ひそかに感謝の念がどこかに潜在しおつたことは争はれない〔中略、しかし」之を農家の飯米欠乏期たる五月以降の米価関係からすれば本統制法の不備欠陥は単なる不備に留まらずして窮乏農村民に更に拍車を加ふる事態を提出したものと言はざるを得ない。

東北の農会報のうち、『秋田県農会報』は積極的に米穀統制法に関する議論を行い、警戒心を深めていたが、その秋田県農会でさえ、米穀統制法に「心ひそかに」幻想を抱き、三三年の大豊作で油断していたのである。すなわち、飢饉は凶作（天災）の直接的結果ではなく、農政（人災）の結果として生れたのであり、その意味において〈凶策〉と呼ぶべき事態だった。しかし、この事態は覆い隠されねばならず、岡田啓介内閣（民政党系）と政友会の対立の下、三四年一一月の第六六回臨時議会や政友会・民政党両方の東北北海道大会において、東北振興は軍事振興の方向に歪曲させせられていく（白鳥圭史「戦前東北振興政策の形成と変容」『歴史学研究』七四〇号、二〇〇〇年）。前述したように、かかる変容は国民意識においても〈同情〉の形をとって見られた。凶作下の東北民衆は経済的困窮のみに苦しんだのではなかった。みずからを見つめる社会的「同情」の眼差にも苦しんだのである。

そうした苦しみのカラクリを抉り出したのが哲学者の戸坂潤《とさかじゅん》である。戸坂は『文藝春秋』一九三四年一一・一二月号「高等警察と冷害対策」[*12]で、東北救済キャンペーンに見られた「センセーショナルな同情」にメスを入れている。「同情というのは、社会現象ならばお説教すべき処を、自然現象として見るのでお説教の代りに持ち出されるもの」であって、世間は「東北地方問題を専ら一つの自然現象として見ようと努力している」と前述のような同情論を批判している。

戸坂は「自然現象」が凶作↓冷害↓気象的地質的現象と次第に矮小化・歪曲化されていることに対して、「まさか火山の爆発を鎮圧したり、日本の水温を温めたりして、今後続くであろう東北農民の貧困を防止しようとは思っていないだろう」と皮肉り本質を衝く。「一体凶作の問題は『米』の問題ではないか」。そこに気づかぬ農林省の東北対策は不可思議だと疑問を呈し、小作争議の深刻化は東北凶作が「一個の社会現象」であることの証左ではないかと指摘して、こう結論づけている。

社会現象とあれば、東北の冷害は、独り米穀問題ばかりでなく、偉大な軍事予算の問題や、対軍縮会議兵力量の問題などと切り離しては意味がない筈で、そこまで行くと、問題は愈々「同情」や何かでは＊＊《ママ》せなくなるのである。東北地方の救済と、軍事予算との、数量上の連関を、ハッキリと私に教えて呉れる人はいないか。

戸坂の視界には、帝国日本・軍国日本の国策（凶策）のなかで発生した「社会現象」としての東北凶作・東北飢饉が「自然現象」に矮小・歪曲され、東北社会の必然論や宿命論に原因が転嫁されようとしている構図が見事に映っていた。

さらに「凶作」の位置づけに関して、鋭い指摘をしていたのが前掲『東京市農会報』三四年一二月号「東北地方の凶作に就て」の執筆者青鹿四郎である。彼は帝国農会参事で農業経済地理学が専門だった。前述のようにポーランド人革命家でドイツ共産党の指導者であったローザ・ルクセンブルクの『資本蓄積論』第二六章「資本の再生産とその環境」の一節が引用されている。強調されている点は、資本主義国家における先進（資本）地域と後進（封建）地域の単純な併存状況ではなく、後進地域を不可欠の要素、必須の構造として内包（ついで外延）させながら成立・推進・膨張する資本主義そのものの矛盾的特性である。それは、資本主義の終点としての帝国主義の位置づけであり、解決方向としての社会主義の到来を予告していた。[*13]

第六節　忘れられる東北

戸坂潤や森嘉兵衛、あるいは青鹿四郎が本質的な議論を挑んだものの、大勢は東北の〈後進性〉をいかに食い止めるかという方向に進み、農村更生協会や厚生省が設立される。そうした中、一九三九年から四一年にかけて稗は〈一瞬の輝き〉を放ち、稗播き運動（石黒忠篤「稗栽培運動について」『農業』三九年八月号）もおこる。しかし、まもなく稗は栽培面積・収穫高ともに急減していく。

マスコミの動きをみても、輝きはあっという間に消えた。米食は日本人にとって「信仰的な問題」「容易ならぬ真剣な問題」だったが（『朝日新聞』三九年一〇月七日付「戦時下、節米の必要」）、戦時体制下、「米と味噌」への執着を捨て去り、「興亜の大和民族」は「高粱《コウリャン》飯、粟粥、肉饅頭に満足して支那大陸の経営に、或は又芋や、タローイモ、サイゴン米のライスカレーを満喫しつゝ、南方資源の開発に活躍しなければならない」（同四〇年九月一日付「米は粟、稗に劣る」、執筆者は理研の井上兼雄〈栄養学〉）と、まさに〈食糧新体制〉〈食糧大東亜共栄圏〉の到来が謳われた（同四一年四月一日付「食糧新体制は今だ」）。

しかし、象徴ともいうべき稗が「一国共同のもの」（柳田國男）として米にとって代わることはなかった。「戦争食糧の多角化」政策のなかで、稗栽培運動は「時局の要請する政治性」と結合して存続したにすぎない（『読売新聞』四三年九月二九日付「稗　水田よし畑作よし」）。日本の帝国主義は米の帝国主義でもあった。植民地台湾の新聞はその点をズバリ衝いている。「大東亜戦は米で育まれた大和民族をして米を主食する大東亜共栄圏の諸民族を指導する盟主として君臨せしめることとなった」（『台湾日日新報』四二年九月七日付「台湾と共栄圏食糧対策」、神戸大学経済経営研究所「新聞記事文庫」利用)。米こそが支配者の食物であり、稗は最強の戦時食物になりそこねた。

「戦時体制米」「決戦米」といった米中心食糧政策は根強く、稗は嘘のように主要食糧品から脱落し、凋落・消滅して行った。稗ブームに乗ろうとした民俗学・栄養学のショック・ドクトリン的な提唱も失速し、伝統的食文化重視ではなく軍事・国防優先のなか、いわば「軍学共同」路線から柳田・早川・杉野たち、はては「軍陣衛生学」の小泉さえも振り落とされた観がある。

結果として、三四年の東北凶作・飢饉はナショナルな食糧政策の大転換を引き起す画期とはならず、あくまでもローカルな悲劇、〈後進〉東北に特有の不幸な現象として認識されるにとどまった。対比的に表現するならば、〈惨事〉としての東北凶作・飢饉であり、〈期待〉〈希望〉としての満洲農業(日満食糧自給体制)・「南方のウクライナ」(「東亜共栄圏のウクライナ」、食糧基地東南アジア)という構図である。*14

戦場の南北への拡大にともない、東北の食糧は忘れられていった。しかし敗戦により満洲も「南方のウクライナ」も失うことで、日本社会は食糧難に直面する。東北が再登場する時代がやってきたのである。ただし三四年の東北凶作・飢饉の歴史的意味を問うことなく、すなわち帝国日本のアジア侵略の責任を問うことなく、東北は〈後進〉規定のなかに置かれ続け、変わることのない典型的〈日本の農村〉として、ふたたび描かれることとなる。ローザ・ルクセンブルク流の国内版〈従属理論〉〈資本蓄積論〉の展開もまったく見られなかった。東北史の戦後的展開はこうしてスタートしたのである。

第四章　東北の軍事基地

第一節　北辺の守り

青森県陸奥湾の奥深く、下北半島にむつ市大湊《おおみなと》がある。一八八九年に安渡《あんど》（大湊）・太平《おおだいら》・城《じょう》ヶ沢の三村が合併した大湊村が大きく変貌するのは、一九世紀末に軍港となり、二〇世紀に入って水雷団が開庁し、さらに要港部へ昇格してからである。

大湊軍港は北方防備の軍事拠点となり、一九二一年には東北本線から大湊線が分岐し、二八年に町制が施行され大湊町となる。人口はピーク時に一〇万人に達するが敗戦で激減し、五九年に隣接する田名部《たなぶ》町と合併して、大湊田名部市となった。田名部は明治維新後、「朝敵」とされた旧会津藩が再興した斗南《となみ》藩の藩庁が置かれた土地として知られる。大湊田名部市は六〇年にむつ市と改称し、現在人口は約五万五〇〇〇人（二〇二一年三月現在）を数える。市域の中央部には全国的にも有名な霊場恐山があり、海上自衛隊大湊地方隊、航空自衛隊大湊分屯基地（航空自衛隊三沢基地の分屯基地）が置かれている。

第二節　水雷団の開庁

一八八六年四月の海軍条例によって五海軍区が決められ、「北海道陸奥ノ海岸海面及津軽海峡」を管轄する第五海軍区の鎮守府予定地は北海道室蘭とされた。しかし、一八九二年一一月に瀬戸内海でおこった海軍水雷砲艦千島と英国P＆O会社所有ラヴェンナ号の衝突事件（千島艦事件）により、賠償をめぐる裁判が内海の領海権争いに発展し、津軽海峡の領海権が俄然注目されることで、鎮守府の室蘭から青森県内への移転論が浮上する。

九四年に室蘭が特別輸出港になり、翌九五年八月に第五海軍区軍港の大湊への移転が内定する。[*1] ただし、いまだ日清戦争は終結しておらず（大本営解散は九六年四月）、海軍の対朝鮮・中国重視から、大湊には鎮守府ではなく横須賀鎮守府管下の水雷団が置かれた。大湊軍港をめぐり、土地買占めや大湊鉄道敷設の動き、下北半島地峡開鑿計画や官営製鉄所の誘致論もあった。

結局、地峡開鑿や製鉄所の構想は夢と消えたが、軍港誘致をバネとした地域振興の動きが進み、大湊村の人口は世紀をまたぎ大幅に増加した。

一九〇二年八月一日、大湊水雷団が開庁し、〇四年二月の日露開戦によってその機能は一挙に強化される。宣戦布告直後、青森県西海岸の艫作崎《へなしざき》沖で民間船奈古浦《なこのうら》丸と全勝丸がロシア・ウラジオストク艦隊の砲撃を受け、奈古浦丸が沈没した。北方警備のため一九〇〇年には望楼が艫作崎に設置されていたが、*2 まさにそこから戦闘が始まった。大湊水雷団には津軽海峡防禦司令部（のち函館へ移動）・津軽海峡警備艦隊が置かれたほか、日露戦争全期を通して四〇隻以上の海軍艦艇が大湊を拠点として津軽海峡警備に動員された。

一九〇五年九月、ポーツマス条約調印により日露休戦が成立し、一一月に津軽海峡防禦司令部の凱旋祝賀会が開かれるが、津軽海峡防禦司令部の廃止は翌一九〇六年八月まで延び、戦時態勢はしばらく解かれなかった。この間の一九〇五年一二月一一日に大湊水雷団は廃され、翌一二日付をもって要港部に昇格となる。

第三節　水雷団から要港部へ

(1)上泉徳弥司令官と大湊開港運動

要港部が地域振興の要となるのは第五代司令官上泉《かみいずみ》徳弥以降である。[*3] 一九一〇年に上泉は下北郡長ほかの有力者によびかけて、大湊開港期成同盟会・大湊建設株式会社を発足させるが、これに呼応したのが元鉄道院嘱託の鈴木誠作である。上泉と鈴木はともに山形県米沢の出身だった。翌一一年、二人は大湊開港請願書を総理大臣、両院議長、内務・大蔵両大臣宛に提出し（第二七回帝国議会で採択）、後述するように上泉は東京でも大湊開港に関して積極的に動く。

開港運動は県庁所在地の青森市とも競合していた。[*4]『東京朝日新聞』一九一一年三月六日付に海軍少将中村静嘉《やすよし》の談話「海事思想と大湊」が載っている。国際的な交通体系が変貌する中、青森市が国際港として大湊に対抗して名乗りを上げているが、青森港は「国港たるの価値は絶無」であると切り捨てた。

上泉はのち韓国南部に置かれた鎮海防備隊の第四代司令官になる。上泉は「殖民地向きの政治家」と称され（『読売新聞』一九一二年六月二〇日付「鎮海繁昌記（七）」）、大湊と同様、鎮海でも開港論を披瀝し、地域振興を図った。こうした政治的パフォーマンスが海軍当局、とくに海軍次官財部彪《たからべたけし》（のち海軍大臣）ににらまれ、横須賀水雷団長に左遷されたというのが当時の世評だった。鎮海では上泉留任を求める市民大会まで開かれている。[*5]

(2) 大湊要港部と環境問題

一九一〇年代から二〇年代にかけて、大湊要港部は環境問題に直面する。安部城《あべしろ》鉱山煙毒事件である。安部城鉱山は一九二〇年代に入り生産量が激減し、二三年に休業となるが、[*6]急激な増産は煙毒を引き起こした。『東奥日報』一九一四年七月一日付「川内地方寸観　阿部《ママ》城鉱山と煙毒」は、「阿部城鉱山を中心として、近くに遠くに其周囲は、森林も農作物も、鉱毒の害を受けてゐる」と報じている。まさに〈北の足尾〉であった。

資源開発と環境破壊は表裏の関係にある。安部城鉱山を実質経営したのは鉱業主の田中鉱業社長田中銀之助と同じ長野県出身でかつての自由民権家龍野周一郎だった。龍野の視察日記『東北旅行紀念帖』[*7]によれば、一九一三年一一月に地元川内で村長・警官立ち合いのもと煙害を訴える村民と交渉している。村民の賠償金三万円要求に対し、龍野は四分の一の七五〇〇円を提示した。村民は納得せず、田畑宅地煙害料・凶作見舞金九〇〇〇円という結果となる。日記には「妥協成立」と見える。煙害反対の住民による「川内保全会」の結成趣意書[8]を読めば、かつての自由民権運動の闘士も煙害に苦しむ住民たちの要求に耳を貸さない「厚顔無比」で「縦横の強弁」を弄する「無頼漢」でしかなかった。龍野らの「金銭恐喝」「公盗」に屈服した住民もいた。「或者は討論終結を提議し、或者は絶対沈黙を守り、或者は〔中略〕此種事件に経験の乏しきに乗め《ママ》虚構なる恐喝文句を以て軟化せしめ、或者は露骨にも番犬の任務を担任せり」。本来ならば、反公害運動の先頭に立つべき「上座」の者たちも会社側と通じ私利に走ったため、「村一切の階級的秩序は全く破壊」した。

安部城鉱山の煙害の要港部への影響は海軍省の「安部城鉱山煙毒ニ関スル件」[9]に詳しい。一九一五年三月（日付不明）の要港部から田中鉱業主宛書類は、軍港南部に広がる樹林は外海からの目隠しで防風林の役目も果たしており、水源地周辺の山林も防風雪林として軍港に有益であることを指摘し、もしも煙害対策を講じなければ、「遂ニハ立木ヲ枯死セシメ要港部トシテノ価値ニ一大欠陥ヲ生スルナキヲ保シ難キ」と煙毒被害の重大性を論じている。

四月一四日付の要港部司令官中島市太郎から海軍大臣八代六郎宛書類は、田中鉱業の経営により安部城鉱山が数年で「本邦屈指の銅山」に成長したことを賞讃しながらも、「好事魔多し」と煙毒事件について説明し、環境破壊の拡大により要港部の水源地や防風林に取り返しのつかない被害が生じることを憂慮している。四月八日付の要港部から田中鉱業主宛書類も前出三月書類とほぼ同内容である。同日付の要港部から青森県庁宛書類も被害調査を依頼している。

こうした要港部の動きは田中鉱業に改善を促しただろうか。一二月の龍野の視察日記[*10]を読む限り、否である。要港部と接触さえしていない。一方で住民対策は万全だった。交渉は「極めて穏健」に進み、煙害委員との宴会も「和気」に満ちていた。地元新聞社に献金して煙害報道を抑えるなど、マスコミ対策も抜かりがなかった。それらの結果、川内保全会は同年暮解散に追い込まれた。

安部城鉱山煙毒事件が示しているのは、第一次世界大戦中の地域資源の乱開発、自然環境の破壊による軍事施設の存立の危機であり、下北半島における一時的な開発優先・軍事従属の姿である。安部城鉱山は休業後、二四年に操業を再開し、ふたたび煙害問題をおこす。このときの被害者は漁民だった。二五年の精錬事業再開反対陳情書[*11]は煙害により漁業被害が出ていることを訴えている。

陸奥湾の漁民を苦しめたのはこれだけではない。要港部による漁網被害もおこっていた。「戦闘掃海実施ニ因ル漁網損害見舞金[*12]」によれば、一九二七年五月に要港部が実施した戦闘掃海の際、漁民の被害総額は約一〇〇〇円に及んだ。これに対して、同年九月三〇日に要港部司令官兼坂隆から海軍大臣岡田啓介宛書類は補償額を三分の一以下の三〇〇円にしたい旨記している。事前に掃海実施を伝えていたにもかかわらず、漁民が不用意に漁網を使用したため被害が生じたのだという認識だった。下北半島・陸奥湾の最大の被害者は農民であり漁民であった。

(3) 地域社会と大湊イメージ

一九二〇年代前半、ワシントン軍縮会議によって海軍軍縮時代が到来する。しかし、大湊要港部の位置づけは高まることこそあれ、低くなることはなかった。

一九二一年一一月から翌二二年二月まで開催されたワシントン会議で採択された海軍軍縮条約に要塞化禁止条項があり、新たな地域の要塞化が禁じられた。日本は千島諸島・小笠原諸島・奄美大島・琉球諸島・台湾・澎湖《ほうこ》諸島が、アメリカではアリューシャン諸島・フィリピン・グアム・サモアがその対象だった。北太平洋で千島諸島・アリューシャン諸島の要塞化が禁止されたことから、大湊要港部の軍事的重要性が増す。象徴的存在が日露戦争後に計画された八八艦隊（戦艦八隻・巡洋戦艦八隻）の第二号艦「陸奥」である。陸奥はワシントン会議で未完成艦として廃棄を求められたが、交渉のすえ辛くも誕生した世界最大級の戦艦だった。二二年九月一五日、第一・第二連合艦隊旗艦として大湊に入港して熱烈な歓迎を受け、同一九日に青森港に着いた時、見物人は約三万人にものぼった。

連合艦隊の入港フィーバーに見られるように軍縮イメージは崩れていた。一二月に旅順要港部が廃止され、翌二三年四月には舞鶴鎮守府が要港部に格下げとなる。この年は大湊要港部にとって飛躍の年となった。軍艦「春日」などの配備により人員は一〇〇〇名近くも増え、総数で約一八〇〇名の将兵が要港部に配員された。[*13] 地元紙『下北新報』には「舞鶴軍港の廃止から大湊拡張説再燃」（一九二三年四月二五日付）「大湊飛行場建設計画」（同年六月一五日付）という記事が、『読売新聞』にも「大湊要港を拡張」（一九二四年三月三一日付）と題した軍拡構想を描いた記事が載り、舞鶴や旅順に代って大湊を日本海と北太平洋を防備する唯一の「特別要港」として拡充させていく動きが報じられている。

しかし、北方情勢の緩和と海軍軍縮により要港部の人員も約一〇〇〇名に激減したため、[*14] 地元からは地域経済復活のために新軍艦配備を求める請願が出されてくる。[*15] 地域振興は海軍頼みだった。

(4) 大湊町の状況

一九三二年一〇月、大湊要港部は三〇周年記念式典を開く。大湊町は要港部とともに発展し、軍民混住は街の気風に影響を及ぼした。翌三三年に大湊尋常小学校（現・むつ市大湊小学校）が刊行した『各科郷土教育資料』「大湊町地誌」[*16]は、要港部開庁以降、「海軍人及海軍関係者の来往は直接中央文化の伝導」となり、「従来の惇厚素朴なる美風」が「漸次軽薄」化する一方、「悪しき因習」は去り、「言語の改良」も進んで、今後は「中央に活躍して敢へて人後に落ちざる」ことが期待できると自負している（五八頁）。

子どもたちへの影響も大きい。「大湊町地誌」は、「要港部設置以来、児童の生活環境への影響は、自然と彼等の唱歌の上まで発展して居る。概して本町の児童は軍歌を好む。特に海軍関係のものを好む様である。海軍記念日には全員唱和する日本海戦の歌の如き或は軍艦マーチ、敷島行進曲等の如きは、其の首位を占むるものと言つてもいゝと思ふ」（一〇―一一頁）と記しているが、要港部設置三〇周年を記念して大湊小学校は唱歌「北門の大湊」を作った。海軍中将小笠原《おがさわら》長生《ながなり》[*17]による歌詞全八番のうち七番は、「西と東の両世界　咽喉やくす此の海峡　幾億万の敵とても　これさ守れば何のそ」と北海防備を担う要港部の使命感をうたい上げている。軍縮時代の大湊要港部は、「軍縮」ゆえに手薄になった北方・日本海防衛を担う国内最北端の軍港として比重を高める一方、情勢次第で軍港としての地位が上下した。揺れ動く状況下、大湊は国際的な交通・貿易網の中でその地政学的な変容にどう立ち向かっていっただろう。

第四節　陸奥湾開発論

(1) 運河開鑿論から大湊開港論へ

一八九二年一一月から一二月にかけて『東奥日報』に論説「地峡の開溝」[*18]が連載されている。執筆者は主筆の成田鉄四郎。「地峡の開溝」をはじめとして九二年から九三年に発表した論説をもとに九四年一月に『陸奥湾之将来』[*19]を刊行する。成田の主張は下北半島中央部、現在核燃サイクル施設や石油備蓄基地の所在地として知られる六ヶ所村から陸奥湾に通ずる運河を開鑿し、太平洋と陸奥湾をむすび、津軽海峡交通の中心地を北海道の函館から奪おうというものだった。

この後、下北半島・陸奥湾の交通網は拡充され、日露戦後の一九〇七年一月に下北半島太平洋岸の上北郡淋代《さびしろ》（現・東北町）から小河原沼（現・小川原湖）を経て野辺地をつなぐ運河開鑿をめざす陸奥運河船渠株式会社が創立される。「趣意書」[*20]に添付された「小河原沼調査意見書」は、運河開鑿により太平洋から大艦巨船が小河原沼に碇泊することが可能になり、大湊軍港と両立することで「両洋ニ神出鬼没」することが可能になるだろうと展望した。

運河開鑿論は五代目司令官上泉徳弥のとき大湊開港論にシフトする。一九一一年一月には田名部住民から「大湊開港請願」[*21]が出され、「東北ニ世界ノ貿易港」の築港が東北開発にとって緊要であり、候補地の青森・舟川（秋田県）・大船渡（岩手県）はいずれも築港に巨費を必要とするが、大湊は「天与ノ良港」「理想ノ良港」で国内的にも国際的にも好位置にあると訴えた。[*22]だが、要港部との関連はまったく論じられていない。上泉も東京での大湊開港期成同盟会の集まりで賛成演説[*23]をしているが、軍港との関連をまったく述べていない。

『大湊興業株式会社小史』（平間洋一執筆、大湊興業株式会社、一九九五年）によれば、上泉は着任から一年が経った一九一〇年一二月二九日に大湊に下北郡長林武蔵ら地方有力者を集め、大湊開港運動および大湊興業創設について協議した。翌三〇日には東京から旧知鈴木が駆けつけている。大晦日にあらためて多数の地元有志者を集めて、大湊開港期成同盟会と大湊建設株式会社（のち大湊興業株式会社）の発足を決めた。

(2) 要港部と開港論

軍港の存在と抵触しかねない開港論ははたして成立したのだろうか。一九一一年一月一三日に上泉は財部彪海軍次官を訪問し、大湊開港論を説明している。[*24] 三月初めの第二七回帝国議会衆議院で「大湊開港ニ関スル建議案委員会」[*25]が設置される。委員長は日露開戦を唱えた「七博士意見書」の提出者のひとり戸水寛人《とみずひろんど》（元東京帝大教授、立憲政友会所属）だった。彼は大湊開港支持派であり、委員会設置直前に「世界の貿易上よりするも日米の交通上よりするも又東北開発の上よりするも所謂画龍の睛を点ずるもの」と述べていた。[*26]

建議者は宮城県選出・立憲政友会所属の齋藤二郎である。二日の委員会には同じ政友会所属で青森県選出の阿部政太郎《まさたろう》が趣旨説明に立っている。阿部は大湊開港に関して、要港部が「軍事上カラ普通商港ト併行スルコトガ出来ルカドウカト云フ疑問」があるだろうが、すでに海軍大臣（斎藤実《まこと》）の承諾を得ており、要港部の範囲外を開港場とすることは「何等故障ヲ言フ必要ハナイ」「一向差支エナイ」と断言している。大湊開港論は要港部の機能に抵触しない限り可とされたのである。

この論理は以後の開港論を左右する。阿部の説明に対して、政府委員の大蔵省の桜井鉄太郎

（のち神戸市長）、内務省の水野錬太郎（のち内務大臣）、逓信省の湯河元臣（のち逓信次官）は経済的デメリット、青森港優先、津軽海峡非重視などの立場からそろって大湊開港に否定的だったが、財部彪から「此所ヲ開港サレマシテモ海軍ノ軍事上カラ先ヅサシテ不便不利ト云フトコロハナイ」と賛成論が出され、野辺地・大湊間の鉄道布設も要港部は「熱望」すると賛意が示された。六日の委員会でも桜井は時期尚早論を唱えたが、阿部は大湊開港を「地方問題」ではなく「帝国将来ノ発展」につながる問題と位置づけ、「数アル中デドウシテモ大湊ヲ指ス外ナイノデゴザイマス」と押し切り、建議案可決に持ち込んだ。世情は「海軍部内の有力なる同情」によるものだと見た。[*27] 同年一一月二〇日には鈴木誠作が財部を招待し、大湊要港部司令官から鎮海防備隊司令官に転出していた上泉徳弥のほか、内務次官床次竹二郎《とこなみたけじろう》・鉄道院管理部長山之内一次《かずじ》（元青森県知事）・大湊水雷団長藤本秀四郎《ひでしろう》・鉄道院理事森本邦治郎も同席した。[*28] 一九一二年に大湊興業株式会社創立事務所から『大湊開港論』[*29] が出るが、軍港の存在は記されていない。商港と軍港の両立が自明視されていたからであろう

(3) 大湊興業創立と海軍

一九一八年六月、大湊興業株式会社が創立される。[*30] 発起人中に犬塚信太郎《のぶたろう》（満鉄理事）、大倉

喜八郎、石塚重美（東京鋼材社長）、鹿島精一（鹿島組）、門野重九郎《かどのじゅうくろう》（大倉組）、芳川寛治《よしかわひろはる》、野村龍太郎（満鉄）、佐々木慎思郎（東京海上火災保険）など在京財界人が多い。数年前に政府委員として大湊開港に消極的だった湯河元臣（日本郵船）の名前があるのも興味深い。ほかは地元青森県や隣県岩手県在住の経済人だった。翌一九年から二〇年にかけて地元から開港請願書が出ている。一九年一一月一七日付「請願書」は大湊村会から海軍大臣加藤友三郎宛に出されている。[*31]内容は、大湊開港は①「北米ト東亜トノ連絡中継港」、②「本州ト北海道樺太トノ連絡」補助港、③「東北発展策」として必要であり、これまで数回にわたって貴族院・衆議院は請願を採択してきたが、「海軍要港部所在地」故に進展してこなかった。しかしかつて海軍次官財部彪は「海軍省ニテハ之ヲ商港トシテ開放スルモ差支ナシ」と答弁したではないか、大湊興業の「計画通要港部ノ一部ヲ御開放被下度《くだされたく》」というものだった。前述した一九一一年の衆議院建議委員会における海軍省答弁が大湊開港の正当性に使われている。

海軍の対応が確認できるのが、二〇年二月四日付「覚書　大正九、二、四　軍務局　大湊開港ニ関スル件」[*32]である。内容は、①第二七回帝国議会衆議院「大湊開港ニ関スル建議案委員会」において、海軍省が「大体同意ノ旨」を言明した以上、現在拒否する理由はない、②大湊興業よりの市街地築造埋立出願に対しては、すでに「差支ナキ旨」を内務省へ回答している、③開港地と軍港境域の調整は可能である、④軍機保護は「戦時事変」下の軍機保護防禦海面令（一九〇四年公布）を適用した「一時開港閉鎖」「諜報ノ取締」で十分可能である、という大湊開港容認論であった。二月九日付「大湊開港ニ関スル意見　九、二、九」はさらに要約して、①「将来大湊要港部ヲ大規模ニ拡張スルノ要ハ先ヅ無之見込」、②「防備ノ見地ヨリ防諜必要ノ適用及厳重ナル諜報上ノ取締ヲ励行セリ可ナリシ」、③「要港ト開港場ト隣接スルハ不都合ナルカ如キハ相当取締ノ法ヲ講スレハ可ナリシ」と述べて、請願を了承して差支えないと答えている。[33]

海軍側の容認論の背後に、大湊要港部の拡張は将来的にないという認識があったことも見逃せない。この点は他の軍港との大きな違いであろう。前後して地元から矢継ぎ早に海軍宛に開港請願が出る。[34] 要港部からも開港賛成論が軍首脳に伝えられた。一九二二年二月三日付の要港部参謀長森脇栄枝から海軍省軍務局長堀内三郎宛「大湊開港ニ関スル件」[35]は、青森県知事からの開港請願に対する要港部の意見は「貿易港トシテ大湊要港水域一部ノ開放ハ当部ニ於テ支障ナシ」と明記している。同二一日付の要港部参謀長宛海軍省軍務局長「大湊開港ニ関スル件」[36]も、要港部の一部開放は「軍事上相当ノ障害アルニ依リ好ム所」ではないが、①戦時事変などの際、軍事上必要な場合は閉港する、②戦時事変などの際、軍事上必要な場合は船舶の出入を閉鎖する、③開港地と軍港境域は田名部川の河口以東とする、の三条件のもとで「異存無之《これなし》」と認めるとした。

海軍軍務局の条件付き開港容認を受けて、二五日には北海道会東北六県県会役員会から海軍大臣事務管理子爵高橋是清宛に「請願書　青森県大湊港ヲ貿易港トセラレンコトヲ請願ス」[*37]が出されている。大湊開港は独り青森県の問題のみならず、東北・北海道の緊急課題だったが[*38]、軍港との関連は不問にされた。一九二三年三月七日付の海軍大臣加藤友三郎宛田名部町長菊池門五郎・大湊村長太田直蔵「大湊要港一部開放ノ義ニ付請願[*39]」は、大湊興業を先頭とする開港事業の進展をうたいながら、船舶出入の急増に対処すべく「要港ノ一部御開放被成下候様致度」と請願した。それへの回答と思われる同二九日付の海軍省軍務局長大角岑生《おおすみみねお》（のち海軍大臣）宛大湊要港部参謀長坂元貞二《ていじ》「大湊要港一部開放ニ関スル件[*40]」は「開放ヲ至当」とし、警衛上も差支えなしとしている。要港部には大湊開港が問題であるとの意識は見られなかった。

(4) 工業港論と要港部

一九三三年一月に大湊町長山崎岩男（戦後、県知事）はじめ郡内八町村長・大湊興業社長高橋辰次郎らの連名で「青森県大湊港ヲ開港シ港内ニ保税地域ヲ設置シ兼ネテ北鮮内地間直通航路指定港トセラレ度キ請願書[*41]」を出している。貿易港として大陸との窓口にならんとする計画である。

大湊港の民間利用論はさらに拡大したが、一方で要港部による民業圧迫ともいうべき環境破壊が進んでいた。三四年に青森県知事小林光政から内務大臣後藤文夫・海軍大臣大角岑生・東北五県各長官宛に「大湊要港部航空場ノ石材採取中止方陳情ノ件」[*42]が出されている。大湊航空隊の構想は一九二〇年代初頭からあり、三一年に新設が閣議決定され、三三年一一月一日に開隊した。要港部としては最初の航空隊である。建設のための石材調達の場として選ばれたのが、大湊から遠く南、陸奥湾をへだてた夏泊半島尖端の大島（現・平内町《ひらないまち》）の海軍用地だった。「陳情書」は、採石にともなう樹木伐採によって漁業資源は損害を受け、漁村経済は「破壊」され、住民は「塗炭苦境」に陥ったと訴えている。陳情の結果は不明だが、要港部がもたらす影響は、陸奥湾を大きく隔てた夏泊半島にまで及んでいた。

その後、大湊工業港化の動きが活発となる。一九三五年八月には大湊町長山崎岩男はじめ周辺町村長から東北振興事務局長松井春生《はるお》宛に「青森県陸奥湾内ニ於ケル大湊港ヲ工業港ニ御指定相成度陳情書」[*43]、大湊興業株式会社取締役社長高橋辰次郎から同じく東北振興事務局長松井春生宛に「青森県陸奥湾内ノ大湊港ヲ工業港ニ御指定相成度陳情書」[*44]、同じく高橋辰次郎から東北振興調査会長・内閣総理大臣岡田啓介宛に「青森県陸奥湾内ノ大湊港ヲ工業港ニ御指定相成度陳情書」[*45]が確認できる。背景には同年七月に東北振興調査会（一九三四年一二月発足）が工業港設置を審議していたことがあった。[*46]

大湊工業港化への要請に対して同年九月に要港部参謀長（氏名不詳）は海軍省軍務局長吉田善吾（のち海軍大臣）宛に「大湊港ヲ工業港ニ指定スル請願運動ニ関スル件通牒」[*47]を出している。要港部は工業港指定運動を従来の開港運動と異なる「別種運動」とみなし、その「促進」にも「阻止」にも一切関与しないが、将来これが実現しそうな場合は「軍機保護の見地」より、「考慮の必要」はあるという態度だった。

同時期に港湾協会（一九二二年設立）は大湊を視察し、協会幹部は要港部と会見している。要港部の見解は①開港については「軍機保護上面白カラザル」ものだが、やむを得ない、②大湊線延長は「是非共速ニ実現ヲ希望」するが、「地方政争問題」なので、「軍部カ地方問題中ニ引入レラレサル様注意」されたい、③軍需工場設置は「軍事上支障ナケレバ」とくに意見はない、というものだった。[*48]

貿易港と工業港を包含する大湊開港論は要港部にとっても、交通環境の改善がなされ、軍事上の支障がなければ、許容範囲とされた。結局、大湊開港論は陽の目を見なかったが、ここまで地元で盛んに開港要請運動が行われたのは、下北半島の経済的立ち遅れが顕著だったからである。一九〇七年に内務省は第一種・第二種の重要港湾を指定し、青森県内では青森港が第二種港となった。[*49]その後内務省は第一種・第二種重要港湾以外から特別行政監督下に置く「指定港湾」を選び、一九二九年に八戸港が入る。この時点で国家的位置づけをされた県内港湾は青森港と八戸港だけだった。大湊をはじめとする下北半島の経済人は要港部という国家的軍事施設をバネに開港運動を展開したのである。前後するが、一九一二年の指定港湾に舞鶴・横須賀・佐世保・呉の四軍港が入り、一九二九年の指定港湾に舞鶴要港部（一九二三年に鎮守府閉庁、要港部発足）が置かれた新舞鶴（現・舞鶴市）と呉鎮守府に隣接する阿賀（現・呉市）が編入された。軍港と共存する開港の可能性が期待されたのである。

第五節　要港部から警備府へ

大湊要港部は対米英開戦直前の一九四一年一一月に警備府に昇格する。飛内進『太平洋戦争下の大湊警備府』（上・下、私家版、一九九四―九五年）によれば、開戦直前には大湊駅、大湊郵便局、五十九銀行（のち青森銀行）、三井物産、瀬崎組、東邦工業、鉄道工事の取扱量、工事量、資金量は県下でも有数となり、日本通運をはじめ各社は現地責任者として重役級を配置し海軍の要望に対応したという（上・二二二―二二三頁）。

さらに大湊興業の敷地は海軍用地に転用され、埠頭地域には軍需部電纜庫《でんらんこ》（電線庫）および兵器庫、施設部第一材料集積場、下北機銃砲台、大湊支廠下北補給倉庫、工作部田名部火工工場、日本特殊鋼管跡には施設部下北製材所、施設部下北機械修理工場などが建設された。[*50] 一九四四年九月一日には大湊海兵団が開庁した。

戦時下の大湊は人口が一〇万人に及び、県内外から動員学徒や女子挺身隊員が集まった。大湊警備府で三〇〇〇―四〇〇〇人、警備府管内では一万人近くが動員されていたものと思われる。[*51] 大湊は多くの人で溢れた。交通渋滞ははなはだしく、四五年には駅前から警備府に向う道路の拡幅工事の申請が都市計画青森地方委員会宛に出されている。町財政だけでは賄えない規模だった。[*52] 大湊警備府では特攻兵器も製作されていた。艇首に五〇〇キロ爆弾を装着した高速ボート「震洋」である。[*53] 工作部は四五年四月から本格的に建造を開始したが、男性従業員が不足していたので、動員学徒や女子挺身隊員が昼夜交代で作業についた。航空廠では特攻用人間グライダーの生産も行っていたという。[*54]

第六節　終焉と復活

(1) 大湊警備府の終焉

一九四五年八月九日および翌一〇日に大湊警備府は空襲を受け、町内の民家数棟が全半壊した。大湊町は多くの軍事施設を抱えていたため、同年には国および県からの補助金が年間予算約九〇万円のうち約六割を占め、警防（防空対策）費も約七〇万円にも達していたが、[*55]米軍の攻撃にはまったく無力だった。敗戦後、四万六〇〇〇名以上いた軍人の解散・復員が順次進み、一〇月には一割以下の三三〇〇名ほどに激減した。武器の引き渡しは一一月までに完了したが、機雷掃海は翌四六年九月まで続いた。[*56]大湊海軍軍需部より軍需用食糧を青森県に引き渡す旨が伝えられ、海軍軍需物資が公共団体や各家庭に放出されたが、高級将校や町内会役員による軍需物資隠匿事件が頻発した。[*57]

敗戦直後の悲劇として忘れてならないのが、浮島丸事件である。警備府は下北半島に動員されていた朝鮮人を浮島丸（四七三〇トン）に乗船させて帰国させることとした。浮島丸は大湊在泊艦船中最大の主要能力を誇っていた。八月二一日から乗船が始まり、翌二二日に乗客三七五二名、乗員二五五名を乗せて釜山に向けて出港した。しかし、政府から連合高最高司令官の命令なしでは一切の船舶は移動不可との通達が出たため、急遽舞鶴港に入港することとなった。二四日、浮島丸は若狭湾から舞鶴湾に入ったところで突然爆発を起こして沈没した。犠牲者は朝鮮人五二四名、日本人二五名にのぼった。[*58]

(2) 占領下の大湊

一九四五年九月下旬、アメリカ軍の大湊進駐が始まるが、九月一六日青森県知事金井元彦は内務大臣山崎巌《いわお》ほかに宛てて「聯合軍進駐ニ伴フ部民ノ動向ニ関スル件」を報告している。[*59] 敗戦後、住民は米兵による暴行事件などを怖れ、疎開したり家屋内に隠れたりしたと言われているが、大湊では先遣隊を「好感」をもって迎え、「安心感」から「婦女子ノ通行、服装、化粧等平常ト変リナク、映画見物ノ婦女子モ目立ツテ其ノ数ヲ加へ、尚疎開中ノ婦女子モ前記安心感ヨリ次第ニ復帰シ居ル模様」と知事は述べている。約一万名のオーストラリア兵の大湊進駐の噂も流れたが、同年一〇月初旬での進駐は米兵二五〇〇名だった。[*60]

(3)日米安保体制下の大湊

敗戦から数年が経った一九五一年、作家の佐藤春夫が大湊を訪れている。『文芸春秋』同年九月号「恐山半島記」は大湊の荒涼たる風景をこう描いている。

水交社跡、旧要塞司令官官邸など今は裁判所や中学校などに利用されて田舎町としては過ぎた堂々たる建築の集り連る辺を過ぎて後、右手山際に一群の相当な住宅が一枚の窓がらすも無い廃屋となつて立並んだ一廓を旧要塞勤務官たちの官舎跡と云ふ、更に少しく前進して左折すれば右は泥海、左手は草深いなかに石やコンクリートなどの門や大きな残礎のところどころにつづくのは問はずして兵火の跡と知れた。その隣地の赤煉瓦造はもと飛行機の部分品を製造した工場の跡を一時は何かの工場に使つていたのも今は閉鎖して全くの廃屋となり、その前庭の離々たる雑草の間に小形の花あやめの紫濃く楊柳が色あざやかに萌えてゐるのとともに目を痛ましめる。

しかし、景観は一変する。九月にサンフランシスコ講和条約とともに日米安全保障条約が調印され、翌五二年四月には海上保安庁に海上警備隊が設置される。『朝日新聞』五二年一月七日付「忘れられた町　大湊　〝軍港〟活用に夢懸ける」は、「調子のいい軍艦マーチが、またぞろ『新日本』に復活のきざしをみせているとき、旧軍港、大湊町はカタズをのんで、その行方を見守っている姿勢である」と情況の変化にふれたうえで、つぎのような町会議長の弁を紹介している。

それぁ、再軍備はいやでシな、いわんや戦争はこりごりです。だから平和産業で生きて行グべと思って、工場誘致バ一生けんめやったドモ、一向ダメです。ンで、わしら安保条約の行政協定に期待してるわけなんだ。軍備はいやだドモ、軍用に頼らざるをえねぇス。大湊の宿命ってもんだネス。……いまがどん底でナ、悲観はもうしたくない。ン、まぁ春になれば……

海上警備隊は同年八月に保安庁(のち防衛庁・防衛省)所属の「警備隊」となり、さらに五四年七月には海上自衛隊となる。この間の五三年には保安庁警備隊大湊地方隊が置かれ、やがて海上自衛隊大湊地方隊へと至る。戦後の大湊はふたたび軍事に依存する地域社会になっていく。

大湊にとって〈不幸〉だったのは、旧鎮守府の横須賀、佐世保、呉、舞鶴と違って、旧軍港市転換法の適用を受けられなかったことである。平和産業港湾都市への転換、民間産業の創成がかなわず、結果的に上記四市以上に海上自衛隊への依存度を強めざるをえなかった。

第五章　東北の戦後意識

第一節　敗戦とむのたけじ

二〇一六年八月二一日に一〇一歳で亡くなったむのたけじ（武野武治）は努力の人、闘い続けた人であった。秋田県横手市に近い六郷町（現・美郷《みさと》町）出身のむのは、戦前に新聞記者として『報知新聞』および『朝日新聞』に勤め、台湾・中国・インドネシアなど海外取材も経験した。一九四五年八月、事前にポツダム宣言受諾を知ったむのは『朝日新聞』の社員総辞職を訴えたが通らず、敗戦前夜に単独辞職した。その後、本章で述べるように秋田県を拠点に反戦平和を訴え、『たいまつ十六年』『踏まれ石の返書』『希望は絶望のど真ん中に』などを著した。むのの生涯は、北条常久『評伝　むのたけじ』（無明舎出版、二〇一七年）に詳しい。

戦後、むのは一時名古屋で新聞記者に復帰しようとも考えたが、四七年夏に郷里秋田県での新聞発行を決意し、横手中学校（現・横手高校）時代の恩師石坂洋次郎にそのことを伝えた。四七年大晦日に埼玉県大宮駅を家族と共に発ったむのは、翌四八年元日に雪深い横手駅に降り立つ。横手地方は明治期には自由民権運動（秋田事件）、大正・昭和戦前期には小作争議が盛んな土地だったが、敗戦後は物資の集散地としてにぎわっていた。

横手に居を構えてから一ヵ月後、むのは『週刊たいまつ』（以下『たいまつ』と略）を創刊する。[*1] 現在、横手市立横手図書館で全七八〇号のデジタル版が閲覧可能だが、本章では復刻版（不二出版、二〇一八年）を用いた。

第二節　足を出せ！

一九四八年二月二日付で創刊された『たいまつ』は、七八年一月三〇日付終刊号まで三〇年にわたって刊行された。発行所を横手市内の本町、四日町、大町、鶴巻町と変え、印刷所も当初の秋田市内の秋田中央印刷所から横手市内のたいまつ印刷所へ移る。創刊号（石坂洋次郎は祝辞として「東北の人々へ」と題する論説を寄稿している）の主張は「ダルマさん、足を出せ」という一風変わったタイトルであった。これは山本有三『路傍の石』の主人公吾一への励ましの言葉

「ダルマさん、ダルマさん、お足をお出し、自分の足で歩いてごらん」から来ている。創刊にかけるむのの思いはこうだった。

東北を形容する言葉の一つに「日本の植民地」というのがある、東北人としてこんなことをいわれるのは残念な話だが政治にしても産業、文化にしても東北が他地方にくらべて立ち遅れ、他地方の召使みたいな立場にあることは認めぬわけにゆかぬ

むのは「我々東北人が無気力な量見のせまい冬眠状態をつゞけてゆく限りとても植民地的立場からぬけだせない」と畳みかけ、こう結んでいる。

我々はいつまでダルマをつゞけるのか、もうそろ〳〵足を出そうではないか、自分の足で歩こうではないか、正しいことなら何人にむかつても堂々と主張しようではないか、無気力な沈黙は金屑ほどの値うちもない、かつて中国の一文学者が、世のうつり変りをよそに眠つている自国の民衆に「沈黙よ！沈黙よ！」と呼びかけていつたごとく、沈黙の中に爆発しなければ沈黙の中に滅亡するだけである

二六年三月に北京天安門前の反政府デモ（三・一八事件）で死去した女子大生を悼む魯迅《ろじん》「紀念劉和珍君」の一節を引用して、広く読者に訴えた。むのは中国体験もあり、魯迅を深く敬愛していた。四八年八月一四日付主張「いつまで馬鹿なんだ　八月十五日の反省」でも同様の叫びを

している。

一体、いつまでバカで無力なんだ。一体、いつまでドレイ根性、事大主義、植民地意識から抜け出せないいんだ、いつまで小さな角突きあいや盲目の利己的行動を反覆しているんだ。沈黙の中に爆発しなければ沈黙の中に滅亡するだけだ

むのとは異なる視点からの東北悲観論もあった。敗戦直前に横手に疎開していた東洋経済新報社の石橋湛山《たんざん》（のち首相）は次のように諦観している。[*2]

私は東北地方の農村の家族制度を中心にした牢固とした風習に思ひを致す時、そこへ民主々義といふ言葉をもつて来ても、大きな海の前に曳き出されたやうな心細さを感ぜずにはをられません。これを水準以上の常識を備へた人々の例にみても、封建主義的な頭脳で解釈した奇怪な民主々義論が、議会の言論や新聞雑誌の論説の上にもずゐぶん現はれてゐると思ひます。

東北では「水準以上の常識」人でさえ「奇怪な民主々義」しか持ち合わせていない、というのが石橋の認識であった。

敗戦後、東北を〈植民地〉とみなす主張はほかにも見られたが、[*3]『たいまつ』の基本的視点が〈植民地〉論であり、〈後進地〉論でありつづけたことは、第一〇〇号を記念した五〇年四月八日

付主張「安藤昌益について」からも明らかである。

生れて二十六箇月、みなさまに守られて、本紙は第百号をむかえました。この間、このささやかな新聞が力をそそいできたことは、一言でいえば、秋田県乃至《ないし》東北地方の立ちおくれ、弱点をえぐりだすことでした。そうした後進性や弱さは日本全体に共通する性格ですが、特にわれわれの地方では政治的にも経済、文化の面でも発育不全の病症が至る所に巣食つている事実をさらけだすことでした。

とはいえ、むのが単に自虐的だったわけではない。「えぐりだし、さらけだすだけでこころよしとしたのではありません。目ざすものは、この好ましくない現実をまじまじとみつめることによつて、それを克服する正しい強いちからを、われわれ自身のあいだから湧きあがらせたい一すじのねがいでした」。東北を見つめるむのの真摯な眼差しはその後も続いた。

第三節　東北よ!

一九四八年二月二六日付主張「東北よ!百年前の過失を繰り返すな」は、本来「商工業の平民」によるブルジョア革命でなければならなかった明治維新が、「葬り去られるべき武士階級」

に骨抜きにされたのは、東北が「明治維新革命に落伍」したからだと述べて、こう訴えている。

時代の大きな流れを見ぬく力、生産を発達させてゆく力、民衆の団結する力において我々は完全に落伍した。維新の熱気もさめぬまに西南の人々によつてわがまゝ勝手の役人政治がしかれ、兵権すら独占されて日本全体の進歩はゆがめられ、我々自身はいわば四流地方の民としていかに不当の苦みをなめてきたか

幕末期、秋田藩は奥羽越列藩同盟を脱し、西軍（官軍）側に与したことは前述したが（第一章）、城下町横手も戦場となった。石坂が三五年に編纂した『郷土文学選』には同僚細谷則理《そくり》（『横手戊辰史談』『平鹿方言考』『秋田方言』『秋田叢書』などに関わる、美術史家山中蘭径の兄）が「横手落城」を寄せている。むのの卒業後なので、同書を読んでいた可能性は低いが、横手中学時代には戊辰戦争の記憶に接したことであろう。[*4]

戊辰戦争は昔話ではなかった。また同じ過失が繰り返されれば、「日本は長く四流国に成り下り我々は四流国の中の四流地方民としてついに浮ぶ瀬がない」。社会党片山哲内閣が閣内不一致で退陣を余儀なくされ、戦後改革の行く末が案じられていた時である。「もはやこのまゝでは何ともならぬ一歩手前まできている」、「まさに東北地方は再び落伍者になりつゝある」。しかし、むのは希望の人であった。

絶望は我々に無縁だ。生きるために猿のそばまでゆく人間は、また生きるために神の近きにも近づく。朝は夜のかなたにある。無智と貧困の大地とあざけられたインドが国内不統一のためその主張をつらぬく実力にまだ乏しいとわ《ママ》いえ、いま、世界政治において最も進歩的な立場を代表しているごとく、最もおくれた社会から最も進歩的な力がわき出ることはしばしば歴史の示した事実である。

アジアの苦悩は深かったものの（四八年七月一七日付主張「知れアジアの苦悩」）、むのは希望を捨てない。一八世紀以来イギリスによる植民地支配を受けていたインドが四七年八月に独立を勝ち取り、同時にイスラム国家パキスタンも分離独立した。むのは国際的にはインド独立に「最もおくれた社会から最も進歩的な力がわき出る」事例を見出した。それが国内的には「四流地方」東北に進歩の希望を託すことになる。

四八年九月二五日付主張「世界・アジア・日本・東北」は東北を世界史に位置付けている。むのは「誰もがいう東北のいわゆる後進性、いわゆる封建性は疑いない。だが同時に、そのこと、そのくらい事実の中にこそ東北の陽ざしが宿っているでなかろうか」と問いかける。どういうことか？　第二次世界大戦後、世界平和ではなく米ソ冷戦体制が進行（同年六月ベルリン封鎖）する中、「いかなる民族も国家も自由と独立を達成し政治的・経済的機会均等を獲得し、それみずからの意志と当然の主張力にもとずいて世界の中に自分自身の位置を占めてゆく、かくてこそ平行線上の世界は矩形《くけい》を形成し、円となる可能性をもつであろう」ととらえ、その決定的支柱こそアジアだとした。「分裂と貧苦のもだえの下にあるアジアの復興こそ人類の全体に平安と協同をもたらす有力な支柱である」。この見通しの下、東北はつぎのように位置付けられた。

もしも東北が後進性を克服して興起するならば、東北は日本の革命的更生の有力な支柱となり日本の見事な再生は、日本もその重要な一部分をなすアジアの復興に光を投げ、それはそのまま世界の幸福に通じるであろう。

インド論同様、最後尾・最底辺が最先端・最頂点に躍り出るという展望であり、日本・アジア・世界の平和が獲得されるという道筋であった。しかし、それは極めて困難な道でもあった。東北の根ぶかい立ちおくれの解決はいかにして可能であるか。先進資本主義がすでに成熟しきつて深刻な行詰りにぶつかつている段階のこんにちこのとき資本主義的に未成熟であるがゆえに、あるいわ資本主義以前をさまよつているがゆえに苦みをになつているものが、いかにして現代的苦悩の打開に参加できるかいま具体的な指標を与えうる誰もないであろう。むのは覚悟する。「いかに困難惨苦にみちみちていようと、このコースを進むことなくしてわれわれ自身の解放も地上の公正な繁栄も到底期待できない」。むのにとって東北は世界平和のための最重要拠点だった。

第四節　革命と愛国

むのは東北主義者だったのだろうか？　第二四回衆議院議員総選挙を前に四八年一二月一一日付主張「民意よ一本立ちせよ」はつぎのように述べている。

働く者を解放すると同時に民族独立のほこりをつらぬいて人類の前進に参加するもの！　階級の解放と民族の統一を達成し、それを通して、名もなき人間のひとりひとりを、人類全体の進歩という高みにむすぶもの！　それは、われわれがこれまでみてきた諸党派のワクから余りにも大きくはみだしている。

むのの視界には労働者階級の解放と民族の統一・独立がおさまっていた。戦後革命を進め独立を回復することは当時の日本社会が直面した基本課題であった。同年一二月一八日付主張「無産者の叫びと愛国者の叫び」は二つの課題に関する宣言である。

世の中の下積みになつている無産階級こそ、実は世の中を進歩させているほんとの力、地上のたからです。その人たちがその人たちにふさわしい地位を獲得しようとするならば、必ずその人々の国家・民族をりっぱなものに生れかわらせねばなりません。そしてまた、国家乃至民族の内容を真実すばらしいものにしようとするならば、まず第一に、人間が人間をしぼりあげるしくみをつぶして、貧乏者にサンサンと陽ざしのふりそそぐ世の中にしなければなりません。

これこそ『たいまつ』創刊以来の一貫して変わらぬ「叫び」であっただろう。それは「無産大衆こそ最も素直な熱烈な愛国者であり、まことの愛国者は必ず無産階級の戦列に立つという確信」にほかならなかった。二つの叫びはむのの中国観から出て来たものと思われる。四九年四月三〇日付主張「民衆よ水の如き自力を誇れ　中国の未来を解く一つのカギ」は、進行する中国革命に関する長文の主張である。

むのは中国革命を「民族革命すなわち外にむかっての解放と、社会革命すなわち内においての解放との二重課題」としてとらえ、「後進・停滞したアジア社会の共通性ゆえにアジアのいかなる民族も同じような二重課題をになっているという事実、つまり夜明け前の同じ陣痛」で結ばれているると述べる。この二重課題を解決するイニシャティブを握ったればこそ、国共内戦において国民党ではなく共産党が優勢だった。むのの「無産者の叫びと愛国者の叫び」という複合的認識は進行する中国革命（への信頼）を背景に深められた。[*5]

同年七月九日付主張「愛国心の革命的な再発見」は、その定式を日本にあてはめ、日本の「忌むべき民族病」である半封建性と半植民地性を根治するには「日本が、ゆたかになること」が唯一の道だと述べて、こう論じている。

特定の階級が他階級をしぼりあげて繁栄するような国内矛盾・不合理を打破し、特定の民族乃至国家が他民族他国家をしぼりあげて繁栄するような国際矛盾・不合理を打破することによつて、それは可能だ。国内解放と国際解放＝社会革命と民族革命＝個人においても民族においても、働くものの生活が豊かに保障される原則を打ちたてること＝この二重課題を統一的に解決することだ。それは、愛国心を進歩的・革命的方向めざして、いかに発現させ、いかに燃焼させるか、という課題になつて、いま、日本のみならず世界的な広さを持つに至つている。

革命家と愛国者は二律背反的存在ではなく、統一的存在であった。『たいまつ』はその具体化であり、巨大新聞に対するむのの眼差しには厳しいものがあった。「日本の既成ジャーナリズムの歴史は〔中略〕本質は時の権力階級の前にひざまずいてひたすらゴマをする歴史であったといえよう」という批判は、かつて中央メディア（報知新聞・朝日新聞）の記者であったむの自身へも向けられた（同年一〇月一日付主張「エンピツ女郎をやめよ」）。

五〇年に入るとむのの革命展望はより先鋭化する。五点とりあげてみよう。

①一月一四日付主張「何人の召使も欲せず　コミンフォルムの野坂氏非難に関連して」は、共産党の野坂参三が唱えた平和革命論に対するコミンフォルム批判に関するコメントだが、むのの民族論が明瞭に出ている。むのはコミンフォルム批判は独り野坂や共産党に向けられたものではなく、「全日本人の問題」だととらえる。なぜならば、第一にコミンフォルム批判は「命令」であり内政干渉にほかならなかったからである。第二に「日本革命の課題は、革命するアジアの嵐の中に、その一部として把握されねばならぬ」という視点から、国際主義はアジアの中から発せられるべきだったからである。[*6]第三に各国の革命勢力が追求してきた「階級連合の幅広い民族戦線の方式」をコミンフォルムが否定し、民族問題を軽視することは誤りであったからである。

むのがとくに強調したのは、第三の点だろう。「国内の社会構造をヨリ進歩させる社会革命の課題と自分の国を外に対して解放する民族革命の目標」は「密接不可分」であり、「階級の解放と、後進の諸国家・諸民族を他国の不当な抑圧から解放することは一つの任務」であった。この点はソ連型のプロレタリア独裁とは異なる人民民主主義（階級連合、連合独裁）の問題であり、当時、共産党が進めていた社共合同運動の評価に関わる。[*7]むのは民族とは複数の階級から構成されるのだから（四九年九月一〇日付主張「前進座の公演をめぐる反省」）、つぎのように階級連合は疑うべくもなかった。

民族内部の諸階級の進歩的勢力を歴史の前進のために余さず結集するという方式は、ある時期ある場所での便宜的な一戦術では決してあり得ない。世界の解放運動が過去一切の経験の集積として、この方式に到達したのだ。

②三月二五日付主張「春来りなば冬遠からじ」は、革命の地理的形態を「中央の革新勢力が中央において政治権力を獲得し、その権威を次第に地方へ拡大させる」ロシア革命タイプと、「下層武士階級がへんぴな西南地方から東征の兵を進めて政治権力を握った」明治維新タイプに分け、いずれの場合も「古い社会秩序・古い政治支配に強い不満を持ち、それを打ち倒す最大の力量をもつものたちによつて新しい社会を創る指導権がにぎられる」が、「最も手痛く圧服されている人々が、社会秩序更新の原動力となるならばその更新こそ、いちばん本質にふれる」自然で合理的な革命であるとみなしている。ではその主体はどこか。むのは「『日本の植民地・東北』は必ず来るべき日本革命の一主力となるであろう」とする。

③四月八日付主張「安藤昌益について」は、東北は立ち遅れているが落胆するには及ばない、「現実が暗黒にとざされておればこそ、救いはヨリ根本的である」と希望を語る。

偉大な真理、偉大なちからが、暖衣飽食の中から生れた例はほとんどありません。それらは常に極度の苦悩と窮境を母胎としてあらわれました。陰影が濃ければ濃いほど、ひとたび壁を叩き破つて彼方に出れば、それだけ強い明るい陽ざしをあびるはずです。

さらに④四月二九日付主張「われらの道は中国に通ずる」は中国革命への支持を表明しながら、「猫もシヤクシも民主主義をとなえた時代は過ぎ去つた。いまや真実に民主化に挺身すれば叛逆者あつかいされる！」という逆コースの中で、東北の革命的前進は「郷土の建てなおしに役立つだけではなく、海をこえて、アジアの夜明けにつながるという誇りにもえ、責任にめざめなければならない」とインターナショナリズムをアピールしている。

⑤九月一六日付主張「東北よ革命の軸になれ」は①〜④を受けて、「革命的エネルギーは、どこからほとばしるであろうか」「日本の歴史的な再生の頁は、果してどこからメクられるであろうか」と問いかけ、「東北の山河よ、心あらば答えよ」と訴えている。むのは辺境革命論者として立ち現れ、東北リージョナリズムは革命と愛国の発信地として大団円する。

第五節　戦争と講和

一九五〇年六月に朝鮮戦争が始まり、八月に警察予備隊（五二年一〇月保安隊、五四年七月自衛隊）が発足する。講和条約をめぐって単独か全面かの議論も盛んになる。『たいまつ』はすでに四九年一一月一二日付主張「いかなる国の駐兵にも反対す　日本人は講和問題をドシドシ論議すべきである」を掲載し全面講和論を唱えていたが、五〇年一〇月一四日付には「日本の再武装は是か非か」を載せ、今につながる非武装論、自衛目的の軍備論など読者の声を紹介している。同号には主張「アジア人はアジア人を撃たず」、一〇月二一日付には主張「再びアジア人の進路について」が載り、平和のためにアジアに向き合う必要が語られた。後者はこう結んでいる。「美しくなりたいと願う人たちは、しばしばおのれの姿を鏡にうつしてみるが、日本民族を美しくしたいと願う日本人にとつて、その鏡は、ほかでもない。アジアそのものである。」

しかし、朝鮮戦争下、現実は厳しい。五一年元日付主張「和戦の暗雲と対決せよ」は日本の行く末を五つ提示している。第一はアメリカ・国際連合への積極的協力論。第二はアメリカへの屈従論。第三は共産陣営への参入論。第四は米ソ対立の中、漁夫の利を狙う功利的中立論。第五は戦争否定のための純粋中立論。むのの立場は五番目だった。アメリカであろうがソ連であろうが、どこの国の「召使」にもなりたくない。「自分の足で大地をふんまえた毅然たる独立性が、現下日本の運命を打開する第一前提だ。」

まさに、足を出せ！　であったが、国際情勢の緊迫の中で東北の姿は消えつつあったのだろうか？　そうではない。朝鮮特需を否定した同年一月二〇日付主張「特需景気は東北地方を苦める」は、「日本の戦争景気は、物資・地域・産業部門などいずれの面においても極端に偏在し、従つて、これぞという戦略物資もなく、工業も発達せず、前資本主義的な農業を中心としたわれわれの地帯に対する好景気風は、まことに間接的な消極的なオコボレにすぎないであろう」と予測し、特需景気に「誘惑」されず、「抜け駆け」せずに団結せよと論じている。

戦後、東北の潜在的可能性に注目して、東北開発の声が多方面から挙がってくるが、[*8] むのは正反対の立場であった。

朝鮮戦争下もむのは東北の遅れについて指摘することを忘れない。「わが東北地方の後進性によるみじめさ」、「『日本内地の植民地』とあなどられ軽んじられてきたわれわれの郷土の哀れな運命」の解決はほど遠いが（同年二月二四日付主張「『雪国攻勢』を開始しよう」）、解決は可能であるという考えを手放せば、「東北の悲劇は完全に慢性化」してしまう、「『あきらめ』は、まだよい。これが『あきらめ』だと意識することもなくあきらめてしまつている状態がおそろしい」と強い危機感を示した（同年三月一〇日付主張「いまや批判の目をとぎすませ」）。これは講和問題への全国的な「アキラメまたは腑抜けの気分」批判（同年七月一四日付主張「日本の講和条約に日本の民論を発動せよ」）に通じた。

むのにとって日本の民主化と東北の民主化は両輪の関係であった。同年八月一一日付主張「東北の朝が近づく」はそのことをよく表している。むのは「東北的性格」[*9]とは「植民地の住民めいた一種のドレイ根性＝自主性の希薄な、卑屈な生活意識」であると断言し、その原因を豪雪に象徴される苛酷な自然条件と原始的な生産様式から抜け出せない農業経済に求めて、その「鉄鎖」を打ち破るにはなにより「先駆的な精神・清新な革命エネルギーの燃焼、爆発」が必要であり、「『沈黙の東北』から『叫びのある東北』へ転化、発展」しなければならないと訴えた。むのの結論はこうである。

転回する日本の、新しい政治は、東北の立ちおくれを根本的に解決する深さまにまで浸透するものでなければならない。誰が、それをやるか。その立ちおくれのために最も苦しんでいるもの、東北人だけが、それを真実に達成できる。東北人が、新しい日本をうみだす主導力となる可能性は、それゆえに、そのためにこそ保証されている

東北の夜明けは日本の夜明けに直結している。むのは単なる東北開発主義者ではなかった。

第六節　振り出しに向う

『たいまつ』の東北論はほぼ一九六〇年代で収束する。一九六〇年八月六日付随感録（主張に代わる論説）「東北は一つ」は、秋田県八郎潟で開催された第五回東北青年集会に関する文章である。東北各地から約一〇〇〇名が参加したこの集会に、むのは講師として呼ばれた。むのは東北といっても地域差はあるが、集会を通して、差異をまったく意識せず、「苦しみの中で、もだえの中で、将来にかけるねがいの中で東北は完全に一つだ」との思いに至った。と同時に「一つであるものが一つのものになつていない現実」も痛感した。安保闘争直後ということもあり、むのは「日本の『敵』のありかと、その『敵』を克服する方向」は、国民の力という「歯車と歯車が噛みあい、それによって高次の爆発的な前進のエネルギーをつくり出すこと」、「『統一戦線』の構築こそは、いびつな日本の解放を完成する唯一の基本方向」であると力説した。「東北は一つ」ということは、「民族的課題の中で、東北はそれ以外のあらゆる差異にもかかわらず一つに結ばれている、ということ」に他ならなかった。しかし、それは東北が民族的課題につながっているという「平穏な論理の帰結」ではなく、「あまりにつかみがたいから、つかもうとする意欲が一層もえたつ、そんな切迫したきびしさの中で、東北は民族の課題の軸心に肉迫」することであった。つぎの文章はむのの一貫した東北＝革命主体論であっただろう。

希望は、だから、そこから感じられた。方向転換するときに、後の雁が先になるように、三千年の人類史は、一つの皮肉な法則の実在を教えてきた。一つの社会体制が発達し、熟覧し、崩壊するとき、これにとつて替る新しい体制はくずれ去る古い土台の上には、決してめばえなかつた。新しいものは、古いみやこから見れば不毛ともみえる「辺境」に芽をむすび、花を開かせるのであつた。

こうして東北は同一性・共通性を自覚しなければならない（一九六二年一一月一〇日付随感録「北と南と」）。しかし、はたしてその実感が東北にはあったのだろうか。一九六四年一一月三〇日付随感録「『東北』について」は、「我我は口を開けば東北的ナニナニとか、東北の運命は共通だとか言つてきたけれど、どこまで具体的なものとして『東北』をつかんできたろうか」と率直に自問し、「余りに不毛だつた『東北の提携』をもっと階級的な、もっと民族的な角度から見直すことによつて行動化されてくるのでないか」と提示するに至った。

いわゆる高度経済成長期に東北も大きく変わった。一九六九年九月二〇日付に随感録「東北よお前はまたぞろ落伍するのか」が載っている。変容する東北をむのは横手の地から苦々しく眺めていたのだろう。「われわれの東北は陥没しはじめた。東北よ、お前は百年前の過失をくり返して、またぞろ『白河以北、十ぱ一からげ』の汚名を甘受しようとするのか」。むのはこうした思いを打ち消しては沈み込む日々を繰り返していた。前年一九六八年が「明治百年」祝賀で塗れたこともあり、あらためて明治維新を問うている。

東北の先祖たちは、封建の六世紀に辺土の荒涼とたたかい疲れ、明治維新を頂点とする時流の転換に落伍した。「十ぱ一からげ」とさげすまれ、「国内植民地」として搾取される苦痛は骨にしみた。それゆえに先祖たちは「人材の養成だ、教育が大切だ」と考えた。〝東北の教育ねっしん〟は、そうして拍車をかけられた。その努力は、「富国強兵」を国策とした権力階級にまんまと逆手にとられてしまった。東北地方は、薄給の巡査と教師と労働者と、そして兵隊と売春婦の最大プールとして営々数十年のあいだ天皇政治に奉仕しつづけた。東北の教育は、教師個人の意図をこえて、東北の人間をそういう〝人材〟として権力に売り渡しつづけた。

だからこそ、一九四五年八月の敗戦に際して、覚醒した東北の民衆は「おれたちが主人公なんだ。おれたちが自分で自分たちの権力を構造するのだ」と叫んだのではなかったのか。しかし、眼前の「総体の暗転をどう打破する」というのか。むのの苦悩は深かった。六九年の随想録「東北よお前はまたぞろ落伍するのか」は創刊期の一九四八年の主張「東北よ！百年前の過失を繰り返すな」の一節を再び引用して結ばれている。

東北論が振り出しに戻った観があるように、民衆論も四半世紀を経て一つのサイクルを閉じたように思える。一九七一年一一月三〇日付随想録「民衆自身」はつぎのように論じている。

おかしいと思ったら、それはおかしいぞと、どこまでも指弾するねばりの必要はいうまでもない。けれど一九四五年八月からはじまった試行錯誤もすでに四半世紀をすぎたいま、われわれ民衆は性根をすえて、正気の構えを固め直さなければなるまい。

さて、一九七〇年前後、むのは大学闘争に論及している（一九六八年一〇月三〇日付随感録「大学問題は地方にパイプが通らない」）。批判的ではなかったが、無条件の賛美でもなかった。第一、むのは「権力との対決のしかたにおいて日本の反体制勢力は一九六〇年当時にくらべてほとんど進歩していない」と述べている（一九六九年一〇月三〇日付随感録「それでは『昭和45年闘争』になるだけだ」）。

では六〇年安保時にむのはなにを強調していたか。統一戦線である（前掲「東北は一つ」）。大学闘争が「明治以降百年の知性の腐敗を断罪し、現在の社会体制の完全粉砕を求めてやまない」にもかかわらず、学生同士が敵対し罵り合っている。それを「ほくそ笑みながら、両者のバランスを巧妙に計算し、工作しながら身の安全を一層かためている」勢力がある（一九六九年一月二〇日付随感録「東大構内での所感」）。六〇年安保の際も、むのは「『敵』は何か。歯車同志が噛みあうことを作為してさまたげているもの、国民のちからが結びあうことをさまたげ、これを分裂させようとしているもの」と喝破していた（前掲「東北は一つ」）。

むのは冷徹なリアリストであった。一九六九年五月二〇日に京都の立命館大学構内の「わだつみ像」が全共闘系学生によって破壊される事件がおこる。むのはその行為に「ほめる気」も「怒る気」もおこらず「ただ首をかしげた」（同年五月三〇日付随感録「『像』の破壊について」）だけだった。むのは「像は要するに像であって、それ以上でも以下でもない」と認識し、求められているのが「平和の肉体化」「民主の肉体化」というわかりきったことなら、「わかりきったことをめぐって、なぜ敵対関係が発生するのか」、そこが納得できないと首をかしげた。

むののあまりのナイーブさに我々もまた首をかしげるべきであろうか。しかし、むのの大学闘争論と東北論との類似性にも気づく。どちらも統一と分断の間をさまよいながら、革命の主体化をめざしていた。むのは東北への希望と絶望の淵を歩みながら、大学闘争への期待と失望を隠さなかった。

むのは新国際空港建設に対する三里塚闘争も高く評価したが（一九七一年二月二〇日付随感録

「三里塚に学ぶこと」ほか)、むのの拠点はやはり東北であり、東北格差・差別の眼差しへの反論がよすがとしたのもまた『たいまつ』だった。

一九七一年二月二〇日付は地元横手市の読者からの投稿「『本土並み』?」を掲載している。沖縄の「本土並み」復帰がさかんに叫ばれていた中での声である。

一体わが秋田県は「本土並み」でしょうか。東北に生まれ育った人間として東北の歴史をふりかえるとき、秋田も青森も岩手も現在なお「本土並み」ではないと思わざるをえません。沖縄をどこの「本土並み」にするつもりか。土と人間に根ざさない沖縄論に憂慮をおぼえます。

一九七三年九月三〇日付は岩手県盛岡市の読者からの投稿「バカにされた」を掲載している。読者は東京から来盛した二人の文化人の講演会を聞きに行ったところ、異口同音に「東北の人間はボクトツだ」「根性がある」「ねばり強い」などのホメ言葉が語られことに無性に腹が立ったという。

「白河以北一山百文」という決まり文句があるが、東北の人間はボクトツだの、マジメだのとおだてられて長いあいだ資本の食い物にされてきた歴史を〝文化人〟は知らないのだろうか。いや、彼らも私たちをバカにしていたのだ。だが考えてみると、問題はバカにした側よりもバカにされた側にありそうだ。バカにされているとも気づかないで、バカにした相手のために尽くしてきた私たちがバカなのだ。過去も、現在も。

読者の怒りは、創刊期『たいまつ』の怒りの再来そのものであった。むのはどのような思いで、この投稿を掲載したことだろうか。

一九七八年の『たいまつ』終刊後のむのの東北論（の断片・痕跡・着目）を充分探ることはできないが、東北を戦略の〈振り出し〉に戻しながら（前掲「東北よお前はまたぞろ落伍するのか」）、新たな戦後革命への道を進んでいったことは想像に難くない。二〇〇三年一二月八日の開戦記念日に秋田県湯沢市で開会された「むのたけじ平和塾」で当時八八歳のむのが語ったつぎの喜びの声[*10]が、それを証言しているように思われる。

「たいまつ」を通して、平和憲法の指差す平和国家・文化国家・福祉国家という理想を、我々の東北にも実現したいとペンの活動を続けてきて、それが平和塾という名前でこの湯沢という土地で新しい命を生む、本当にありがたいと思いました。

その後もむのの歩みが止むことはなかった。「たいまつ」のアナグラムはお分かりだろうか？「いまたつ〔今、起つ〕」！である

第六章　東北とレッド・パージ

第一節　学制改革とレッド・パージ

敗戦後の革命運動に対する弾圧としてレッド・パージがある。[*1] 明神勲『戦後史の汚点　レッド・パージ』（大月書店、二〇一三年）は、つぎのように定義している。

レッド・パージとは、冷戦の激化と占領政策の転換を背景に、占領後期の一九四九年七月から五一年九月にかけ、ＧＨＱの督励・示唆のもとに、日本政府、企業が共産主義者および同調者とみなした者を「政府機構の破壊者」、「生産阻害者・企業破壊者」「社会の危険分子」「アカ」等の名のもとに民間企業や官公庁等から約三万名の公務員・労働者・労働組合幹部・共産党幹部・在日朝鮮人団体幹部等を一斉に追放（罷免・解雇）した反共攻勢であり、「思想・良心の自由」（憲法第一九条）を蹂躙した戦後最大の思想弾圧事件である。（五〇頁）

一方、それより先に刊行された平田哲男『レッド・パージの史的究明』（新日本出版社、二〇〇二年）は、四九年四月の団規令（団体等規正令、政令第六四号。五二年に破壊活動防止法制定で廃止）による共産党員の登録リスト提出を重視している（一二一―一三頁）。平田によれば、レッド・パージを可能にしたのは団規令であり、団規令を抜きにしたレッド・パージ理解はありえないという。ではなぜ共産党は党員リストを提出したのか。それは団規令が適用されると反社会的結社とみなされてしまうので、それを避けるために党の公然化にふみきり、四八年に始まった社共合同の拡大も伴って、[*2]結果的に一〇万人以上の党員登録名簿を政府に提出したのである。共産党は党員に〈逃げも隠れもせぬ〉ことを求めた。しかし、これは権力を前にした武装解除であり、公然化・大衆化を急ぐあまりの一種のギャンブルだった。

大学におけるレッド・パージとしてイールズ事件（イールズ闘争[*3]）が知られるが、本章の関係でいえば、旧制から新制への移行時における大学・高等学校教員の「辞職勧告」「不任用」事件が重要である。

平田によれば、この時期に新聞報道された大学・高等学校教員の「辞職勧告」「不任用」は四〇例以上を数え、半数近くの一八名が不任用となっている。[*4]有名なのが、水戸高校（現・茨城大学）の梅本克己、山形高校（現・山形大学）の小松摂郎、彦根高等商業学校（現・滋賀大学）の亘理《わたり》俊雄[*5]、および以下に述べる弘前高校（現・弘前大学）の関戸嘉光であるが、パージ対象の教員は多数にのぼっていた。[*6]
このうち小松は東京帝大文学部哲学科の関戸の先輩であり、両者の交流が確認できる。[*7] 小松が勤めていた山形高校は新制にともない、一時は仙台の二高と合併して東北大学に包括される方向で動くが、結局山形師範学校、山形青年師範学校、米沢工業専門学校、山形県立農林専門学校とともに、山形大学になる。小松は神戸大学から教授招聘の話があったため、受諾して山形を離れる。いったん神戸経済大学（旧・神戸商業大学）予科教授として赴任し、五〇年に新制神戸大学に移るという話だったが、共産党員を理由に任用が拒否された。[*8]
「摂郎日記」（HP小松家文書館）によれば、小松は四八年の暮もおし迫った一二月二七日、同僚の大野敏英（ドイツ語）と一緒に共産党に入党した。明けて四九年一月六日に「共社合同メッセージ」を執筆し、一三日は「共社合同統一懇談会」があり、共産党中央から伊藤律が参加している。一四日には山高講堂で大野と入党記念講演会を行い、入党を公然化した。
小松は「神戸大学事件の記録」（HP小松家文書館）において、入党に際して「党の方の話でわ《ママ》、マルクス主義の立場に立つ人わ是非党の組織に入つてほしい。併し党も大きくなつたから凡ての人を機械的に政治的に引廻すようなことわしない、特に科学者・文化人わ自由に専門の領域で働いて貰う、専門の領域で立派な業績をあげ、特殊の才能を十分にのばして貰うのが党の役目である」と言われたと記している。しかし、入党後の小松は予想外の激務に追われた。

関戸も同様の行動に出る。「摂郎日記」の一月一七日には「関戸嘉光入賞〔党〕」と見える。関戸の入党宣言は翌二月のことだが、入党は一月中旬だったようだ。[*10]

第二節　転換期の若者たち

入党宣言をきっかけに起った関戸嘉光への辞職勧告と弘高生徒たちの反対運動を、以下関戸嘉光事件（関戸事件）と呼ぶことにする。

まず急ぎ、関戸の経歴を見ておこう。[*11] 関戸は一九一四年一〇月七日に京城（現・ソウル）に生まれ、京城日出小学校、京城中学校、東京府立四中（現・都立戸山高校）、第一高等学校（現・東京大学教養学部）を経て、四〇年東京帝国大学文学部哲学科を卒業した。同期にフォイエルバッハ研究者の暉峻凌三《てるおかりょうぞう》、唯物論哲学の湯川和夫がいる。[*12] 大学では出隆《いでたかし》から古代中世哲学を、吉満義彦からカトリック哲学を、渡辺一夫からフランス・ユマニスムを学んだ。この間、三七年一〇月には帝大セツルメント読書会に関わり検挙され、翌三八年五月にも共産主義研究会開催で捕まるが起訴猶予となっている。[*13] 戦前からの共産主義者だった。

卒業後は東大哲学研究室副手、日本大学医学部予科講師を務めるが、この間の一九四二年九月、関戸の姉千代の夫であった京都帝大人文科学研究所助教授大上末広《おおがみすえひろ》が満鉄調査部事件（第一次）に連坐し、満洲に連行された後、四四年三月に新京（現・長春）監獄未決監にて発疹チブスに罹り、新京千早病院にて病死するという悲劇がおこっている。[*14]

一九四七年一〇月、弘前高校講師となる。[*15] この時期の研究業績として、「フランス革命とドイツ観念論」（『哲学雑誌』六四四・六四五・六四六号、一九四〇年）、「近代の運命とパスカル」（『理想』一五六号、一九四四年）、「近代市民」（出隆編『哲学の基礎問題』中巻、実業之日本社、一九四八年）、「カトリック世界と近代市民的意識」（山崎正一・串田孫一共編『近代精神』第三書房、一九四九年）などがある。

関戸事件に関しては、学生として事件に関係した道又《みちまた》健治郎の「退官講義」録、「旧制弘前高校関戸教授事件と労働調査と―回顧と提言―」（『北海道大学教育学部紀要』六〇号、一九九三年）およびハンス・マーティン・クレーマ「だれが『逆コース』をもたらしたのか―占領期の高等教育機関におけるレッド・パージ―」（2005 ISS-OUP Prize 授賞論文、『社会科学研究』五九巻一号、二〇〇七年）が詳しい。[*16] 道又論文は関戸事件を「50年レッド・パージの先駆けをなす記憶さるべき出来事」と位置づけて「関戸教授事件」と記している。そこには関戸が職階としては講師であったものの、教授と呼ぶにふさわしい研究者・教育者であったというリスペクトと、不当な教授発令遅延と辞職勧告の工作を行った学校当局へのプロテストが込められている。[*17] 道又の大学人としての最終段階における〈正義〉の表明には胸を打つものがある。筆者も道又の批判精神を受け継ぐが、表記は「関戸事件」にとどめる。

さて戦後、旧制高校（三年制）は四八年に最後の入学式を行い、四九年に新制大学に包括され、五〇年に閉校となる。事件がおこった四九年は過渡期にあたる年だった。弘前高校では四八年四月に自治会が結成された（委員長は道又）。全国的な動向をみると、同年六月に東京で教育復興学生決起大会が開かれ、その後、全国官公立大学高等自治会連盟が結成される。九月には全国国公立大学高等代表者会議が開かれ、全日本学生自治会総連合（全学連）が生まれる。

弘高自治会は六月に全国的な授業料値上げ反対ゼネストに合流するなど積極的な運動を展開し、学校側は学生を厳罰に処した。学生側も負けていない。一〇月には「学生国会」（弘前学生模擬国会）を開き、新しい時代に対応する動きを見せた。『陸奥新報』同月二五日付「学生国会開く　議会記者席より　排せ政治の堕落　議場圧す若き情熱の討論」にその様子をうかがってみよう。

学生国会は「学生の政治意識の高揚と議会形式の練習」のために弘前高校、青森医学専門学校、青森師範学校、東北女子専門学校（現・柴田学園大学）、弘前女子厚生専門学校（現・弘前厚生学院）から男女学生一五〇名が出席して九月二四日弘高講堂（一九七二年解体）で開催された。場内は傍聴席も含めてほぼ満員。中央壇上に議長席、その右側に事務総長席が置かれ、一段下に演壇、その両側に内閣総理大臣始め各省大臣に扮した学生たちの席が設けられた。午前九時半、明比《あけび》達朗弘高教授[*18]から「諸君の真面目さに信頼し現実に徹した政治を行うことを希望する」との挨拶があり、学生国会は開会した。議席数は「模擬社会党」六九名、「理想社会党」三一名、「人民共産党」三二名、無所属五名とされ、模擬社会党が単独内閣を構成し、理想社会党が閣外協力という形をとった。道又健治郎は人民共産党委員長、関戸事件で放校処分となる中畑惣三郎は同書記長という役割だった。学生国会は夕方まで続行し、終了後明比教授と社会党の雨《あめの》森《もり》卓三郎（戦前は共産青年同盟中央委員、太宰治の従兄）からコメントがあり、ともに共産党系学生を「学生らしくない」と批判している。

第三節　関戸事件

明けて一九四九年二月九日に関戸嘉光が共産党入党を宣言する出来事がおこった。四八年から四九年にかけて大学教授や文化人の共産党入党が相次いだ。[*19] 関戸の恩師であった東大教授出隆の入党は四八年四月のことである。関戸が大きく影響されたことは間違いないが、[*20] 共産党への傾斜はすでに四六年に始まっていた。同年一月に中国から野坂参三が帰国し、「愛される共産党」を唱えるが、関戸はそこに共産党の新しい動きを見出した。渡辺一夫が訳したシャルル・ヴィルドラック『新しいロシヤ』（酣灯社）にも希望を抱き、つぎのような夢を描いたと後年述べている。[*21]

渡辺一夫―ヴィルドラック―野坂の「愛される共産党」、こうつなげて、私は新しい時代の幕がいま揚がると感じた。それは、自由主義・民主主義と一体化した新しい社会主義・共産主義であるはずだ、と思った。あの鉄の規律を聖化するソ連型共産党支配ではなく、豊かな個性の開花を大きく抱き育てる共産党、支配ではなく奉仕する共産党、そんな共産党が夢ではなくなった。

関戸の友人たちからも共産党に入党する者が増えだした。「お前のような鋼鉄の意志とはほど遠い者でも、平和と民主主義を志向するかぎり、党員の資格十分だと勧誘されて、義理にも入党せざるを得なくなった」という。[*22] 推薦人は細川嘉六《かろく》（四七年四月の第一回参議院議員通常選挙で当選）だった。

関戸と同様に共産党入党を宣言し、やがて学園から追放される前述の小松摂郎と梅本克己も東大出身で民科（民主主義科学者協会）哲学部会に所属していた。社共合同運動の中、党員学者・文化人は共産党から入党の公然化を要請された。関戸事件を新聞報道[*23]なども用いて再現してみよう。[*24]

関戸は二月九日の入党祝賀記念講演会で入党を宣言した。当初、講演会は博物学教室を会場にして、関戸を囲んで共産党問題を討論する学術集会のはずだったが、直前になって会場を講堂に移すこととなり、学校側も許可した。主催団体については、①民主学生同盟と共産党弘高細胞、②民主学生同盟と共産党弘高細胞と青年共産同盟（戦前の共産青年同盟の後身）、③民主学生同盟と共産党弘高細胞と社会科学研究会の三説がある。民主学生同盟は民主主義学生同盟（民学同）だろう。[*25] 民学同青森支部は弘高学生寮である北溟寮内に置かれ、[*26] 学校も公認していた。ただし、事件当時の民学同は青年共産同盟（青共）・全日本民主青年同盟と合同して、民主青年合同委員会を結成していた。[*27] 弘高でも民学同は青共、社会主義青年同盟（社青）との統一組織を模索していた[*28]。講演会を主導したのは三説に共通する共産党細胞であろう。

市内に「関戸講師共産党入党の弁」「共産党入党記念講演会」と書かれたポスターが貼られたため、二〇〇名の参加者の中には一般市民も少なからず見られた。弁士は関戸をはじめ、共産党県委員の津川武一（のち国会議員）、東北女子専門学校の杉山一郎教授、弘前市議補選の共産党候補者曾根銀次（戦前は労農党所属、函館一般労働組合常任、四・一六事件で起訴）の四人だったが、さすがに曾根の演説は選挙運動と見なされ学校側に断られた。入党祝辞として津川が三〇分ほど演説したのに対し、関戸の話は約五分と短かった。すなわち、「私に何故共産党に入つたかはきく方がやぼである。現代の真面目な知識人であれば、共産党に入らないのが不思議である。私は普通のことをしたればこそ共産党に入党したのである。それについて私は共産党の中央機関紙アカハタに一つ注文がある。アカハタは著名な文化人が相つずいて入党していると報じているが、それは逆である。知識人は共産党に入つて始めて文化人になるのであつて、私も共産党に入党することによつて、今始めて文化人になつたのである」とか、「①何をぐずぐずして共産党に入党しないのかというのなら解るが、何故入党したかを質問されるのは意外である。②文化人なら共産党に入党するのが当然で、入党して初めて真の文化人となるのである。③日本には本当の意味でのインテリゲンチャはいない。あるいはゲンチャの切れたものばかりだ。④弘高の共産党員はだらしがない。自分が入党したからはこれを新たにしたい。⑤共産党の欠点の一つは党員の少いことである。これを是正したい」などと報じられた。

第四節　反レッド・パージ闘争

栗原一男校長[*29]は関戸の入党演説を「自己の弁護と一種の宣伝」ととらえ、教育基本法（四七年三月三一日、法律第二五号）第八条第二項「法律に定める学校は、特定の政党を支持し、又はこれに反対するための政治教育その他政治的活動をしてはならない」に抵触するとして、年度内の自主的退職を求めた。当時、栗原は「リベラリスト」とみなされ、校内外で「圧倒的な人気」を誇っていたという。[*30]関戸は栗原の求めを拒否した。新年度に入り四月二九日の教員会議で栗原校長は講演会の教育基本法違反を理由にあらためて関戸に辞職を勧告した。四九年の弘前高校厚生補導係『厚生補導日誌』[*31]によれば、同日項に「一、午後一時から緊急教官会議開催六時半終了（過日行われた関戸講師・講演会に関する件）」と見え、翌三〇日に事務職員・傭人に向け関戸問題を説明している。関戸入党問題が学校全体を揺るがせていたことがうかがえる。

教員のほとんどは校長提案に同意した。追放派の先頭には前年一〇月の「学生国会」に関わった明比達朗教授が立っていた。道又論文によれば、明比は中世ヨーロッパ史の上原専禄を尊敬していたという。明比は社会党にも関係していた。[*32] ほかに生徒課長（厚生補導部長）で哲学の田代秀徳《ひでのり》、[*33] 日本史の宮崎道生《みちお》[*34] なども校長派として関戸追放に賛成した。ドイツ語の小島尚《ひさし》[*35] のように校長提案に疑義をもつ教授もいたが、公然と反対の声をあげたのは唯一人英語の若き教師、野崎孝だけだった。勇敢な野崎については後述しよう。関戸が辞職勧告を拒否したため、栗原校長は五月二日に出京し、文部省に事実経過を報告した。

　関戸は生徒たちに人気があり、知的尊敬を集めていた。生徒側はすかさず反撃に出た。教授会の翌四月三〇日には生徒大会を開き、校長に事情を問いただした。さらに翌五月一日のメーデーには多数の寮生が国際学連の歌と寮歌「都も遠し」を唄いながらデモ行進し、「関戸教授追放反対」のプラカードを掲げた。七日には生徒会を開き、参加者九九名中九〇名の賛成で辞職勧告撤回を決議し、決議文を文部省への事情説明から帰ってきた栗原校長に提出した。一四日には在校生二三〇名中一三〇名が参加して生徒会（闘争委員会）が開かれ、辞職勧告撤回を要求するとともに、賛成九五票・反対三四票で一六・一七日の両日にストライキをすることを決定した。生徒会終了後、代表者二名が栗原校長に面会し、①関戸講師の馘首絶対反対、②大学法案反対、②自治会公認、④三者（生徒、職員、組合）協議会設置の四項目の要求書を手交し、ストライキ決行を宣言した。これに対し、栗原校長は生徒たちの要求を政治活動とみなし、断固取り締まる態度を示した。同日には青森県教職員組合定時大会も開かれており、そこでも「関戸事件をとりあげよ」との動議が採択されている。[*36]前年に結成された全学連も全国大会で弘高闘争支援を決めたほか、六月には共産党代議士の土橋一吉が弘高を訪れ、栗原校長に面会を求めている（校長は拒否）（『資料　戦後学生運動1』三一書房、一九六八年）。

第五節　帰らざる「六月革命」

学校側はストライキ二日目の五月一七日に生徒処分を決め、二名を放校、八名を無期停学とした。この一〇名のうち四名は闘争委員会委員であり、道又論文によれば、放校の二人は道又健治郎と中畑惣三郎だった。しかし生徒側も反撃に出て、全校生徒二二〇名中一九八名が出席した闘争委員会で賛成一六〇票・反対三八票でストライキを一週間延期して二三日まで続行することを決めた。その後生徒側と学校側の対立が深まり、学校側はさらに無期停学一六名、その他九名の大量処分を行う。ストライキは長期化した。[*37]

闘争戦術はその後同盟登校に変わったが、学校側の弾圧は弱まらず、六月一二日には二六名の処分が追加された。生徒側は一三日に生徒大会を開き、①一四日からの同盟登校、②被処分学生の受講を認めぬ授業のボイコット、③関戸講師の講義再開、④処分撤回と関戸講師解雇撤回を求めて、栗原校長と団体交渉することを決めた。[*38] しかし、同窓会が調停に乗り出したり、生徒内部でスト反対論が増加したりで態勢は崩れ、六月一八日に闘争委員会解体、スト解除を決めることで、一ヵ月半におよぶ関戸追放反対闘争は終結した。前掲『厚生補導日誌』の同日項には、「一、関戸問題に関して学校側に反対闘争を行うため組織された生徒側闘争委員会は本日限り解散された」と見える。処分された生徒たちも九月から一〇月にかけて処分が解除された。この間の六月一日付で関戸は自然退職となっていた。[*39]

青春の真っただ中に味わった敗北感は、その後の人生にどう引き継がれていっただろう。その記憶は道又論文にも見出せるが、ここに七九年に刊行された写真集『弘前高等学校写真集　大鵬われらの徽章とかざす』（旧官立弘前高等学校同窓会）がある。関戸事件から三〇年後、当時の旧制弘高生徒たちも五〇歳前後になっていた。働き盛りの彼らの胸に去来したのは、やはりあの熱くも苦々しい日々だった。写真集を開いてみると、「関戸事件　戦後の大ストライキ」との見出しで、闘争の様子を伝える大判の写真四枚が掲載されている。いずれも彼らが居住した寮（北溟寮）内の壁に墨でなぐり書きされた檄文、落書きを撮ったものである。

一枚目には「学生運動史上に貴重なる一頁を加へる千九百四十九年五月十六日よりの弘高関戸事件」、「ファッシズムは諸氏の週〔周〕辺にある良心的なあまりに良心的な心の中に存在する執念深くつきまとふ自己保存の観」、「弘高生にして良心の無い者の居ると云う事は弘高生の恥だ、しかしてそれは事実だ、良心のある者ならば進むべき道は一つなのだ!!」と見える。

二枚目は「千九百四十九年弘高六月革命記念室」、「弘高ファッシズム斗争本部」と記された部屋の入り口を写している。小さく「栗原狸親爺」ともある。

三枚目には「一九四九年六月革命」と記された横に「六月革命犠牲者」二五名の名前が列記されている。その上には「放校三、無期停二十二、戒飭《かいちょく》九、計三十五《ママ》」とある。犠牲者名は四枚目に続くが、注意して見ると、「日和見主義」「裏切者」と付記されたものがいる。闘争が長引く中で脱落者も出ていた。それもまた青春というべきか。事件当時、四九年三月に三年生は卒業して旧制大学に進み、四月に二年生になるはずだった旧一年生は一年修了で新制大学へ入学していた。新入生はいない。在籍していたのは三年生のみ約二〇〇名。うち二割近くが処分を受けたことになる。ほかに「汚辱腐敗堕落」「一九四九年六月革命　斗争死」「悠然渾如水」とも記されている。

四枚目は廊下の突き当りの壁である。「栗原一男追放せよ」「Kampf und Recht〔闘いと権利〕」

「日本共産党」「栗原退陣」「1949年6月革命敗戦ス」「人民ノ勝利ヘノ道トシ貴重ナル我等ノ今度ノ運動ヲ見ヨ!」「恥を知れ」。そして「八ツ裂刑」として、栗原以下、校長派の教員の名前をあげている。

学生寮に落書きはつきものだ。独身の関戸は北溟寮内に住んでいたというから、生徒たちのこうしたメッセージを目にしていたことだろう。野崎の場合はわからない。しかし、二人とも教え子たちの熱気、殺気、怒り、嘆きを共有していたに違いない。四枚の写真から、ほとんどの文字は六月の処分以降、いわば〈革命敗北〉後に感情に任せて殴り書きされたことがうかがえる。その表現からいかに関戸処分に対する生徒たちの思いが強かったかが伝わってくる。

第六節　戦士と勇者

(1) 戦士関戸嘉光

この間の五月三一日に新制弘前大学が設置され、人事院規則により関戸は自然退職となった。

関戸事件は旧制から新制への高等教育の再編に際しておこった共産党系教員に対する差別弾圧事

件の先駆的事件であったが、占領政策との関連はどうだっただろう。関戸の入党が問題となったのは入党宣言の二月九日時点ではない。それからしばらく経過した二月下旬のことであった。GHQ下の民間情報教育局（CIE、その高等教育担当顧問がイールズ）の士官が関戸の許を訪れた。[*40] その時の会見では「共産党員であっても大学の教授であることは、これは一向差し支えない」とされたが、後日、新年度における関戸の講義続行の可否が地方軍政部で問題となる。こうした地方軍政部の意向を背景に栗原校長は関戸追放に乗りだし、四月二九日の教授会に辞職勧告を提案したのである。

関戸は結局辞職した。[*41] 大阪市大から招聘の話もあったというが、[*42] その後は岩波書店辞典部勤務を経て、一九六八年に本州大学（現・長野大学）教授となる。実に二〇年ぶりの大学復帰だった（八七年退職）。関戸は明神勲とクレーマのインタビューも受けているが（二〇〇二年）、自伝的な論考二本[*43]は、いずれも四九年の事件について語ってない。この間、辞職直後の五〇年から五一年にかけて『レーニン選集―戦略・戦術―』（全三巻六分冊、暁明社）を経済学者の平田清明らと、[*44] 五六年にはジョルジュ・ポリツェルほかの『講座哲学』（全四巻、大月書店）を竹内良知らと、八五年にはアラン・フルニエ『ル・グラン・モーヌ』（明治書院）をそれぞれ共訳出版している。政治的には六〇年代に共産党を除名された志賀義雄らの「日本のこえ」派に接近し、[*45] 六五年にはべ平連（ベトナムに平和を！市民連合）にも参加している。[*46] 東大時代の先輩串田孫一との交流も確認できる。[*47] 八五年には帝銀事件平沢貞通死刑囚の時効を求める声明の賛同人になっており、[*48] 晩年の八八年一二月に東京で開催された「フォーラム　新しい社会の創造をめざして」のよびかけ人にもなっている（同パンフレットによる）。

(2) 勇者野崎孝

前述した関戸追放に唯一人公然と反対した若い英語教師である野崎孝は、のちにJ・D・サリンジャーの *The Catcher in the Rye*（『ライ麦畑でつかまえて』）をはじめとして、数多くのアメリカ文学の翻訳で知られる野崎孝である。

野崎は一九一七年に青森県弘前市に生まれた（九五年没）。旧制弘前中学校から四修（飛び級）で弘前高等学校に入り、[*49] 三七年に東京帝国大学文学部英吉利文学科に進み、中野好夫に師事した。卒業後は商業学校教師を経て、応召で中国戦線に向かう。復員後、四六年八月に弘前高等学校講師となり、四九年に関戸事件に遭遇する。野崎は関戸追放に公然と反対した。これが栗原校長の怒りを買った。野崎は翌五〇年から一橋大学に移ることが内定していた。しかし、最終的な転出承諾書に栗原校長が「本人は過激不穏分子なり」と記したため、異動が白紙となった。

ここからがきわめて興味深い。進退窮まった野崎を救ったのは、なんと関戸その人だった。関戸は東大時代の先輩であった中央大学の今泉三良《さぶろう》*50に頼み、野崎を中央大学文学部（五一年開設）に採用してもらう。中央大学に移った野崎はのちに名訳『ライ麦畑でつかまえて』（白水社）を世に出すが、最初の翻訳は五三年のキャサリン・マンスフィールド『入り江にて』（早川書房、ウェルテル文庫）である。マンスフィールドはニュージーランド出身の女性作家でイギリスを拠点に活躍した。野崎の恩師中野好夫はイギリス文学の専門家だった。その影響があったのだろうか。中央大学に移ってからグレアム・グリーンの翻訳などを手がけるが、六〇年に『ヘミングウェイ』（研究社出版）を出して以降、アメリカ文学にシフトし、六四年に『ライ麦畑でつかまえて』を刊行する。七〇年に中央大学から東京都立大学へ転じ、最後は帝京大学教授をつとめた。一九七〇年に今泉が亡くなったとき、野崎は関戸と連れ立って葬儀に参列したという。

関戸事件が野崎の研究に与えた影響はあらためて分析しなければならないが、五一年にジョン・ハーシーの*Hiroshima*（Alfred A. Knopf, Inc. 1946）を赴任早々の中央大学でテキストとして採用した点が注目される。『朝日新聞』五一年五月二三日付朝刊「〝ヒロシマ〟教科書に」によれば、野崎は「生きた現代アメリカ語を教え、これにより平和をみつめたい気持ちから」同書を採用したと語っている。この時『ヒロシマ』を採用したのは中央大学や広島大学など八大学に過ぎず、東京教育大学は「この講義は約一年かゝり、空襲で人が殺されるのを毎時間教えるのは辛いという教授の意見が多かった」（福原麟太郎の説明）ため不採用とした。四五年に *A Bell for Adano* でピューリッツァー賞を受賞したジョン・ハーシーの作品である『ヒロシマ』は、六人の被爆者に歴史的体験を語ってもらったもので、原爆投下から一年が経った四六年八月に『ニューヨーカー』誌に掲載され、「二〇世紀アメリカ・ジャーナリズムの業績トップ一〇〇」の第一位に選ばれた。[*51] 野崎孝は津軽で言う根っからの「じょっぱり」（意地っ張り、強情っぱり、頑固者の意）だったのだろう。その反骨精神と平和志向は関戸事件の闘いを通じて、あらためて培われたと思えてしかたがない。

ともあれ、一九四九年の関戸事件は道又論文が指摘したように「50年レッド・パージの先駆けをなす記憶さるべき出来事」だったが、表だって政治問題化することはなかった。[*52] また、関戸事件は関戸擁護に立ちあがった旧制弘高生徒たちのその後の人生に大きな影を落としたが、後身の弘前大学史において顧みられることはほとんどなかった。[*53]

第七章　東北自由民権研究の世界

第一節　自由民権の精神史

自由民権研究家として、羽鳥卓也の名はいま忘れられているかも知れない。羽鳥は一九五〇年発表の「維新史におけるマニュファクチュアの問題」（『歴史評論』二一号）で自由民権運動＝ブルジョア革命運動という理解を退けたが、翌五一年発表の「民権運動家の『精神』―福島事件史序論―」（福島大学『商学論集』二〇巻三号。以下、五一年論文と略）も衝撃的であり、議論を引き起こした。

五一年論文は福島大学の紀要『商学論集』に掲載されたため、さほど多くの読者を得なかったと思われそうだが、当時の福島大学は「経済史の一種の地方的拠点」「情報の受信地というより、むしろ発信地」であり[*1]、『商学論集』は若手の間で引っ張りだこだったという[*2]。五一年論文はのちに『近世日本社会史研究』（未来社、一九五四年）に収められ、さらに二〇年後に『論集日本歴史10　自由民権』（有精堂、一九七三年、以下『論集』と略）に掲載される。筆者は『論集』版で読んだが、五一年論文は、「民権論者が藩閥政府に向って要求した地方自治の意味する内容は、近代的地方自治とは全く異なって、いわば『人類の歴史とともに古く』存在していたような、旧来の地方分権にほかならなかった」（『論集』二一六頁）と主張するものだった。

『論集』は自由民権運動を考える重要論文一五本を載せ、羽鳥の五一年論文をはじめ、庄司吉之助「変革期における農民思想の問題」、下山三郎「福島事件小論」、大石嘉一郎「民権運動と地方自治」（後出）、鳥海靖「帝国議会開設に至る『民党』の形成」の五本が東北民権関係であった。戦後の自由民権研究に占める東北民権研究の割合は小さくなかった。

第二節　戦後東北における自由民権運動研究の開始

⑴東北の自由民権運動研究

自由民権百年全国集会実行委員会編『自由民権運動研究文献目録』（三省堂、一九八四年）

は、戦前から一九八〇年代に展開された自由民権一〇〇年運動（第一回全国集会は横浜市で開催）の第二回全国集会開催（東京・早稲田大学）の一九八四年までに発表された全国の研究成果を整理している。[*3] 東北六県は、青森県七三、岩手県一一一、宮城県五〇、秋田県五七、山形県一九三、福島県三三〇、東北全体二六の計八四〇点である。宮城県が意外に少なく、民権研究では後発であった。[*4] 一方、ワッパ事件（一八七三―八〇年）、秋田事件（一八八一年）、福島・喜多方事件（一八八二年）が起こった山形・秋田・福島各県は先行し、[*5] なかでも福島県が五〇年以降、今日に至るまで一貫して東北民権研究をリードしている。

(2)福島地域の先駆性

東北自由民権運動研究において、福島が圧倒的比重を占めていた理由は、福島・喜多方事件の存在に求められる。今日も同事件は「自由民権運動史ひいては明治前期政治史における一分岐点」と評されている。[*6] 五一年論文は平野義太郎『日本資本主義社会の機構』（岩波書店、一九三四年）の「福島事件こそは『自由民権運動激化の典型諸形態』の一つ」という規定に依拠している。

五四年には①高橋哲夫『福島自由民権運動史』（理論社）、②庄司吉之助『明治維新の経済構

造』（御茶の水書房）、③前掲羽島『近世日本社会史研究』が相次いで刊行された。①に関して、『朝日新聞』五四年三月二二日付書評は、「日本の民主主義運動の歴史の上に重要な意義をもつ『福島事件』を、忘却のフチから浮び上らせ、それがこんにちの平和のたたかいにもつながるものであることを、生き生きと実感させてくれる労作だ」と称賛し、日本共産党機関紙『アカハタ』同年八月三日付読書欄も「郷土の革命的伝統掘起す」と紹介している。②については、『朝日新聞』五四年八月二日付地方史研究欄が、著しい発展を見せている地方史研究のなかでも「福島地方の研究は、庄司吉之助（福島大助教授）の三十年にわたる史料収集と故藤田五郎（元福島大教授）の科学的研究の成果（主著『近世封建社会の構造』、『封建社会の展開構造』）とにみちびかれて、わが国地方史研究のピークをかたちづくっている」と評価した。いずれも近代史・地方史における福島民権研究の高さを指摘しているが、それを支えたのは戦前から戦後にかけて、福島高商・福島大学経済学部に集った研究者たちだった。

第三節　東北民権研究と福島の研究者たち

(1)知の尖端

福島高商（福島高等商業学校）は一九二一年に東北では唯一、全国七番目の官立高等商業学校として開校した。本科、専修科、東亜経済実務科を設置し、東北経済研究所を附設していた。[*7]四四年、福島高商は福島経済専門学校と改称し、戦後の四九年に福島大学経済学部（現・経済経営学類）となる。東北で経済学部を有していたのは、東北大学と福島大学だけだった。まさに東北に福島あり。福島大学経済学部は「福島グループ[*8]」と呼ばれた。

福島高商の研究力を示すエピソードは、高商創立二〇周年記念行事として、四二年一一月二一―二三日に開催された社会経済史学会東北部会第四回部会であろう。『社会経済史学』会報（同誌一二巻一〇号、一九四三年）によれば、このときの報告八本によって同誌一三巻二号が「東北部会特輯」号となる。特集にあたり同学会理事古田良一（東北帝大教授）はつぎのように述べている。

東北地方は他地方よりも地理的に隔離されて居り、且つ山勝ちである関係上、文化は幾分遅れて発達し、且つ山村僻地に於ては、今もなほ昔のまゝの生活状態、社会制度を残して居るものもある。即ち日本の他の地方では已に消失した文化の跡が、東北地方のみに保存せられて居る場合がある。故に東北地方の社会経済史研究は単に東北地方自体の為めに必要なばかりではなく、日本文化発展の跡を系統的に知る上に役立つ所も少くないと思ふ。（一頁）

まるで東北を日本の〈ガラパゴス〉視しているが、後述する藤田五郎の戦前戦後の所説ともつながる。藤田は一九一五年九月に広島市に生れ、三五年三月広島高等学校文科甲類卒業、三九年三月東京帝国大学経済学部商業学科卒業、同年四月東京帝国大学経済学部大学院入学後、四〇年五月に福島高商助教授となり、四一年三月に教授昇任、四九年五月に福島大学経済学部教授となり、同年八月に広島大学政経学部教授に転出（同年一二月福島大学経済学部教授兼任、五一年三月兼任退く）するが、五二年四月に再び福島大学経済学部教授となり、同年一一月東北大学から経済学博士（日本封建社会の経済的構造）を授与され、同年一二月死去した。主著に『日本近代産業の生成』（日本評論社、一九四八年）、『近世農政史論』（御茶の水書房、一九五〇年）、『近世封建社会の構造』（羽鳥卓也との共著、御茶の水書房、一九五一年）、『封建社会の展開過程』（有斐閣、一九五二年）があり、没後の『近世経済史の研究』（御茶の水書房、一九五三年）を含めて、『藤田五郎著作集』全五巻（御茶の水書房、一九七〇―一九七一年、以下『著作集』と略）が出ている。[*9]

庄司吉之助の会報によれば、それまでとは異なり、第四回には会員外の「一般郷土史研究者」も多く参加し、東北全六県からの発表により、あたかも「東北地方社会経済史学会」の観があったという。会津での資料調査・巡見が組み込まれたことも大きかった。画期的な第四回東北部会には伏線がある。四〇年には第一回文化祭「福島県社会経済史展覧会」、翌四一年には第二回文化祭「郷土研究座談会」が開催されていた。両者の内容は一つにまとめられ、四二年三月に『福島県郷土研究』と題して発刊された。[*10] 第一回展覧会の出品資料解題は藤田が担当している。

わが信達地方は、関西の早期資本就中商人資本に対して、その活躍の場面を与へてゐたのであつて、その活躍の対象は、信達農民――米作・蚕糸業者――であつたのである。〔中略〕わが国の経済社会に於いて、最も遅くれて出発し、最も遅くまで持続したわが封建社会に、ヨリ大量の商人資本が活躍すべき好個の地盤を見出したのである。〔中略〕農民と商人‼封建制的と早期資本制的‼これらの具体的な問題をこのたびの史展資料が物語るところなのである。（一―二頁）

藤田も東北の後進性を日本社会の二元性（先進・後進二元社会）のなかでとらえ、「農民」「封建制的」な後進東北が「商人」「早期資本制的」な先進西南によって、どのように変容していったのかを描いている。出品資料には「明治十二年福島自由党盟約」「明治十五年福島事件前後日誌」「福島自由党有志建白書草案」の福島・喜多方事件関係資料も含まれていた。東北地方、とりわけ福島県の社会経済史発展のなかに自由民権運動が明確に位置付けられていたことがわかる。

(2) 知の拠点

さて、日本農業における「近畿型」と「東北型」という二元性の提起は第三章で述べたように、一九二〇—三〇年代の日本資本主義論争において、山田盛太郎『日本資本主義分析』（三四年）で設定され、栗原百寿『日本農業の基礎構造』（四三年）を経て、戦後の平野義太郎『農業問題と土地変革』（四八年）につながった。藤田のユニークな点は、「東北型」を単に古い遅れた構造と措定するのではなく、そこに日本の近代化の発端の型を見出した点である。一九四三年の「東北地方に於ける近代産業史研究に就いて」（『歴史学研究』一一六号）はこう述べる。

所謂近畿型に対比せられる「東北型」なるものが、日本農業に於ける発展の段階的差異に基づくものとしてその遅滞的地位を指摘提出され、而も両者の構造が本質的に異なるものに非ずして、日本の旧式土地所有制に基づいて現われたるものとして把握されている時は、当然に東北地方がより原型的なる旧式農業社会関係の構造を持つことが推察され、その結果は、旧式農業社会関係なる構造の上に展開される日本近代経済、就中近代工業の発現の型は、右の東北地方に則して把握される場合に於いてより純粋的なものを与えられる理論的根拠が予想せられるように思われるからである。(『著作集』第五巻、一九二頁)

「近畿型」と「東北型」は段階的に差異があっても、構造的には異ならないという認識、言い換えれば、量的＝段階的に差異が生じるのは、質的＝構造的に同じだからだという認識は、当時の段階論と類型論の統合的理解であった。のち藤田は先進・中間・後進のダイナミックな三地帯を設定するが、[*11]重要な点は、「東北型」の中に日本近代化を解くカギがあると睨んだことである。

藤田の視点は四八年の処女出版『日本近代産業の生成』のなかで幾度にわたり明確に開示されたが、つぎの箇所はそのエッセンスだろう、

東北地方の日本近代産業成立における地位、換言すれば、東北地方が最もおくれて産業化したということに鑑みて、従って、東北地方における近代産業の成立の中には、日本近代産業の生成に対して、いわば最も純粋なそして典型的な「型」をその中から汲みとることが出来るという意味において、東北地方の「型」は、最も純粋的に、最も典型的に、日本近代産業生成の「型」を暗示しているものであろうということである。(『著作集』第一巻、二七六

頁）

関連して、藤田は日本近代産業生成の特質解明に「経済・経営学的な限界内にとどめられた視野」や「資本家と賃労働者との関係」という「余りにも階級史的とり扱い方」では限界があるとして、問題解決の糸口として、有賀喜左衛門の「社会形態学」をあげている（『著作集』第一巻、二―三頁）。『著作集』刊行にあたり、解説を担当した大石嘉一郎は、これは「歴史学方法論上の重大な問題」であるが、「経済史と精神史との関係を積極的に問題にしたものでなく、むしろ社会的総資本の再生産構造と個別資本の再生産過程との差異と連関を問題にしたもの」だと整理している（『著作集』第一巻、三五五―三五六頁）。

はたしてそうだろうか。藤田は「いわゆる社会的総（産業）資本の再生産過程の考察を中心としてとりあげられるべき近代産業経済史の研究と、いわゆる個別的（産業）資本の再生産過程を中心として取り上げられるべき近代産業経営史の研究」とはそれぞれ「別の観点」から研究されねばならず、両者を「混淆」してはならないと述べていることはその通りだが（『著作集』第一巻、三頁）、その上で有賀の「社会形態学」に注目しているのである。[*12] 萌芽的であったにせよ、藤田の「階級史」からの脱却の動きは見逃せない。また大石の「経済史と精神史との関係」という表現には、以下に見ていく羽鳥卓也との論争の影が落ちていると思われる。

とまれ、東北自由民権研究の最先進地としての名誉を福島県が保持しえたのは、福島・喜多方事件がおこった地ということに加えて、日本近代化の「純粋」と「典型」を見出すことができる地だったからでもある。

第四節　知の決闘

(1)藤田五郎の死とその後

福島高商は「田舎の高商[*13]」「パッとしない存在[*14]」などとも言われたが、藤田五郎に「最も大きい幸せを与える場所[*15]」であり、藤田とともに若き研究者たちは切磋琢磨した。藤田は一九五二年一二月に死去するが、最後まで自由民権運動と豪農の関連、自由民権運動と無産者の関連を追究し[*16]、亡くなる直前会津で自由党員の史料採訪を行い、帰福後「クサの根を分けてもやるド」と旺盛な研究意欲を見せていた[*17]。

(2) 羽鳥卓也の「精神」論

藤田五郎が生前もっとも高く評価し、親しくしていたのは羽鳥卓也と松本達郎[*18]だった。[*19]藤田が一九五一年に刊行した『近世封建社会の構造』は羽鳥との共著だった。[*20]羽鳥の五一年論文は自由民権運動の「精神形態に関する局面的特殊研究」(『論集』二〇一頁)であり、同論文を含んで五四年に刊行された『近世日本社会史研究』の「序」はつぎのように述べている。

明治維新によつて日本は東洋で唯一かつ最初の資本主義国家となつたことは間違いない事実である。だが、こうして「近代」化されたこの国の「資本主義」が特殊な「型」をもつものであり、民衆的地盤の上での近代化が終戦後の今日未だにさして進んでいないということも否めない事実である。してみれば、今日なお、こうした民衆的地盤の上での近代化を阻止している社会的諸条件が何であり、そうした諸条件を、基柢的に規定するものが何であるかを歴史的に追及してゆくことは歴史学に志す者が少くとも気にかけなければならないことではなかつたろうか。(二一―二二頁)

羽鳥の研究は「後向きの歴史学」と批判もされたが、朝鮮戦争下の「逆コース」の中、歴史発展の逆回転はいかなる「民衆的地盤」を持っているのかという課題意識はきわめてタイムリーであっただろう。それは藤田と同様に、自由民権運動そのものの複雑な展開を解明しようとするものだった。

『近世日本社会史研究』がまず明治期の自由民権運動の分析から始まり、近世へと遡及し、最後にふたたび自由民権運動に還ってくるという「問題史」の叙述を採用している点も、歴史的到達点を〈必然〉として語るのではなく、〈ひとつの結果〉として把握しようとする姿勢だった。民権運動の「精神形態に関する局面的特殊研究」をめざした羽鳥は『近世日本社会史研究』において、その点につぎのような注記を追加することで、意図を明確にしている。

総じて、ある特定の意識形態は、ある特定の社会層にある特定の政治的行動を行わしめる「媒介の契機」と看做されるべきであろう。筆者はここでかかるものとして民権運動家の「精神」を把握しようと努め、こうした研究を通して、政治的過程あるいは経済的基礎過程の理解に示唆を与えようと意図している。(一七頁)

この見解は色川大吉の精神史研究に見られる意識論と共通する。色川は『明治精神史』「思想史と精神史について――〝あとがき〟にかえて――」において、思想史研究の立脚点をこう述べている。

私の思想史研究は、語られ、思惟され、表象された像からではなく、また人間の意識から独立した物質的な基礎過程からでもなく、まず「現実に活動している人間たちから出発」するのである。〔中略〕次いで、その「現実的な生活過程から」かれらの行動の内的動機に遡及しようとする。この場合、一見、個人の内面的、心理的追求にのみ偏っているように見えようが、実はそうではなく、現実の生活過程、その具体的なトータルな人間行動の中に集約されている経済的、政治的、社会的諸条件と行動主体との結節点を解明しようとしていたのであり、そのことによって、われわれがより深くその人間の真意に迫りうると考えているのである。(講談社学術文庫版・下、一九七六年、二四二―二四三頁)

人間の意識の独立性・非還元性への注目であり、色川は人間の意識が持つ深淵への探究がいかに重要であるかを説いた。

一方、羽鳥は後述する大石嘉一郎からの批判を受けて、「民権運動と地方自治との関係を全面的に分析することは筆者の課題ではない」(四二頁)と加筆し、原論文にあった「民権運動における地方自治確立の要求が旧来の地方分権を取戻そうとしたものにほかならなかったことは、言いえてほぼ誤りないところであろう」という部分を削除した(四五頁)。

(3) 大石嘉一郎の羽鳥批判

一九五三年、福島大学経済学部の同僚にして、共同研究者であった大石嘉一郎が羽鳥批判論文「民権運動と地方自治―明治前期地方財行政史試論　その二―」(『商学論集』二二巻四号)を出す。のち「自由民権運動における地方自治の要求」と改題して、『日本地方財行政史序説』(御茶の水書房、一九六一年)第三章第二節となるが、大幅に改稿されている(以下の引用文において頁数のみの場合は同書より、前掲『論集』からの場合は『論集』何頁と記す)。

大石は平野以来の福島事件評価を踏襲しているが、大石が注目した点は豪農の指導性の背景・根拠であった。「ほかならぬ豪農こそがこの運動を指導し、組織し、豪農みずからが積極的に運動を推進して行った」のはなぜか、「明治政府の樹立せんとした地方自治制が地主支配の地方自治であったとするならば、何故に豪農はそれと激しく抗争しなければならなかったのか」と尋ねる(三二五―三二六頁)。

羽鳥の五一年論文は自由民権運動＝非近代的反政府運動という立場であり、村落共同体組織を指導・支配していた豪農たちが要求した地方自治とは旧来の地方分権にほかならないという主張だった。羽鳥説に対して、大石は以下に見る批判を加えるが、とくに羽鳥が主張した明治政府による村落共同体破壊という点について、「明治政府の中央集権国家―地方制度の樹立の方式は、決して旧来の村落共同体組織を根柢からくつがえそうとするものではなく〔中略〕旧来の地方分権・村落共同体組織を温存しつつ中央集権化しようとすることに、その特徴的性格をもっていた」（三二八―三二九頁）と反論した。大石は「いま思想＝精神史把握の方法論についてはしばらく措く」（『論集』二二九頁）としつつ、五一年論文が引用する『河野磐州伝』の箇所をつぎのように厳しく批判した。

この談話だけから直ちに羽鳥氏の如く規定するのは甚だ危険であると言わねばならない。よしこの談話のごとき信念が河野の全生涯を貫いていた精神であったとしても、彼の精神的故郷を何処に求めたかということから彼の現実的な政治行動の性格を規定することは、本末顚倒のそしりをまぬがれないであろう。〔中略〕かくしてわれわれは、民権運動における地方自治確立の要求内容に何らかの意味で変革的方式を見出すことを要請されざるをえない。たとえその要求内容が、イギリスに典型的にみられるような近代的地方自治の確立を意味しなかったとしても、その変革者的性格を定置した上でその日本的特性と限界とを究明することが正しい分析視角なのではなかろうか。（『論集』二三一―二三二頁）

羽鳥の近代主義的視点への批判であったが、「日本的特性と限界」という個別性の論点が気になる。大石の基本的立場は、地方自治確立の要求を「あれやこれやの観念からではなく、事象の発展に即して統一的に把握すること、その複雑な内容をいたずらに一面のみを強調するデフォルマチオーンに陥ることなく、その意義と限界を正しく定置しつつ認識すること」（『論集』二三二頁）であり、「要求の歴史的意義と性格を、単に表現された思想形態の穿鑿に終始しないでその具体的内容にまでたち入って考察すること」（『論集』二三三頁）であった。しかし、一方で、自由民権「運動が直面したものはあらゆる国の近代化の過程で直面する中央集権と地方分権の調整の問題にほかならなかったのではなかろうか」（『論集』二四五頁）と全体性についても言及している。大石はかかる個別性と全体性を居り合わせぬまま投げ出し[*21]、結論的にこう整理する。

〔民権運動の要求は〕ゆうに先進諸国の絶対主義下における初期〈近代〉ブルジョア的要求に比肩しうるものと言わざるをえない。それは、旧来の伝統的地方分権の維持にすぎないとされるには、余りにも歴史の発展方向を目指していた。しかしそれは、語の厳密な〈完成された〉意味における近代的地方自治確立の要求、言いかえれば、まさに〈本格的なブルジョア〉革命前夜の段階に到達したブルジョア民主主義運動と規定さるべきであろうか。（『論集』二五六頁。『日本地方財行政史序説』三七二頁において新たに挿入されたり、傍線部が書き換えられたりした箇所は〈　〉で示した）。

「豪農」評価の如何が自由民権運動における地方自治理解を規定したのであるが、ここで「豪農」論を検討する余裕は残念ながらない。先を急ごう。

(4) 羽鳥卓也 vs 大石嘉一郎

羽鳥は一九五四年の「『民権運動家の「精神」』への補論—大石嘉一郎氏の批判に答う—」(『商学論集』二二巻五号)で大石の批判に反論した。

筆者は、ある特定の意識形態をもつて、ある特定の社会層(経済的階級)にある特定の政治的活動を行わしめる「媒介の契機」と看做し、かかるものとして民権運動の精神形態を把握しようと努めた。ところが大石氏はこの点に異論があるらしい。〔中略〕氏は「思想=精神史把握の方法論についてはしばらく措く」〔中略〕などと思わせぶりな遠慮などされないで、率直に批判的見解を充分開陳されるべきであつたと思われる。(一七二頁)

両者の対立は、歴史研究における思想・精神・意識史の方法論の対立、ではない。羽鳥は思想・精神・意識史の有効性を認めていたが、大石は基本的に認めていなかったからである。議論はすれ違った。羽鳥が「民権運動と地方自治との関係を全面的に分析することは筆者の課題ではない」と地方自治論を回避し、大石が「思想=精神史把握の方法論についてはしばらく措く」と精神史論を回避したことも、手伝っているだろう。[*22]

真っ向から衝突した点もある。歴史研究における研究者の主体、あるいは視野に関してである。羽鳥は大石の批判に向かって、「氏は民権運動における地方自治の要求が先進諸国の初期ブルジョア的要求に比肩しうるといわれるが、そうした先進諸国の要求というのはいったい具体的に何を指していわれているのだろうか。〔中略〕また、さらに前者が後者に比肩しうると氏がいわれる時、氏はいったいいかなる物指であの二つの要求の『身の丈』を測られたのであるか」（一七三頁）と問う。ヨーロッパ史の単純な把握や比較史の安直な設定などへの反発が色濃い。つまり大石の中の近代主義への批判・反撃である。

一方の大石はどうだっただろう。藤田の死後、五三年に彼の個別論文などを編集した『近世経済史の研究』（『著作集』第五巻）が刊行される。巻末には羽鳥卓也・山田舜の共著となる「解題藤田教授と豪農の研究」が収められた。[*23] 大石は同書の書評を行うが、[*24] 解題に対しても「吟味」と称して批判を加えた。重要な点は、大石が藤田の前掲四三年論文「東北地方に於ける近代産業史研究に就いて」に関して、つぎのように述べている点である。

〔藤田〕教授がその研究の門出とも言うべき右の論文において、西欧経済史学の成果を摂取される場合、その成果たる法則・範疇〔中略〕を一般的法則・範疇として必ずしも受けとられていない、言い換えれば、それを典型的ではあるが一つの「型」として捉え、それに対して後進国日本の「近代産業発端の『型』」を問題とされていたということ、それ故、西欧型・日本型を越えたもう一段階抽象的な一般的法則・範疇を考えられていたであろうということである。（一七六―一七七頁）

たしかに藤田は同論文において、東北―日本―西欧―世界という各レベルを設定して、農業と工業の両面から相互の関係性をつぎのように追究しようとしていた。

〔東北〕各地の農業構造を、我が国の歴史的なる土地制度に対する従来の成果との関連に於いて把握し、更にこの成果を外国就中西欧の農業構造に於ける土地制度との対比に於いて再構成し、この成果の上に日本農業の世界的規模に於ける「型」が把握されると考えられるを以て、東北地方自体の側から日本近代経済の発展との関連に於いて把握された東北農業構造の従来の成果を、更に右の方法に於いて再構成し、この上に対応する東北近代工業を考えなければならず、而《しか》も更にこの近代工業は同時に日本近代工業に対する従来の成果との関連に於いて把握し、更にこれを外国就中西欧の近代工業発端に於ける型との対比に於いて再構成し、かくて得られた東北地方工業の研究成果の上に従ってまた同様にして得られた諸地方近代工業研究成果の上に、日本工業の世界史的規模に於ける型が把握されて来る関係にあると思われ、更にこの「型」の把握こそが、右の如き意味に於ける地方産業史研究なる掘り下げによって益々深められ、日本工業生産力拡大に対する根本的方策暗示の基礎を与えうる関係にあるものであると思われるからである。(『著作集』第五巻、一九五―一九六頁)

途切れのない難解な文章だが、東北各地から「世界史」に向かって急上昇したかと思えば、すかさず反転して「地方産業史」へ急降下するという、きわめてダイナミックな論理展開である。しかし、これは独り藤田だけの知的アクロバットではなかった。藤田は同時期の信夫《しのぶ》清三郎・堀江英一の研究成果に依拠している。

その上で問題となるのは、藤田の言葉を使えば「世界史的規模に於ける型」――大石のまとめによれば「西欧型・日本型を越えたもう一段階抽象的な一般的法則・範疇」――が、もろ手を挙げて歓迎できるものだったかどうかということである。藤田論文が発表された時期が総力戦下の四三年であったことを考えるならば、藤田の「世界史的規模云々」は歴史学における一種の〈近代の超克〉だったのではなかろうか。その意味では、五四年の時点で大石が日本と西欧という二元的認識をもって、藤田を論評しているのは、きわめて戦後的な眼差しと言える。

教授が、その発展の途上益々陥らざるをえなかつた、日本の史実そのものの論理構造が充分に完成した体様において把握される以前に、いち早く西欧経済史学の確定した歴史法則の挿入によつて日本史の論理を完成するという方法は、西欧経済史学の成果を無媒介的に適用されるようになつて行つたことと関連して、教授の体系に大きな無理と非実証的な飛躍を生ぜしめることになつたのであろうということである。（一八四頁）

しかし、大石が指し示す研究順序・分析回路――「日本の史実そのものの論理構造」「日本史の論理」の優先――が絶対的かどうかについては議論があるだろう。藤田にとって「最も大きい幸せを与える場所」であった福島高商・福島大学経済学部の知的環境は、整然よりもカオス、自由な思考が可能な空間だったのではあるまいか、たとえ〈無理〉や〈飛躍〉があったとしても。それゆえ、そこに学んだ者は新たな時代において、ふたたび世界史としての東北史に向かうことを自己の課題としえたのであろう。大石の書評の末尾にもこう見える。

西欧経済史学の成果の上に、その特有な摂取のもとに出発した藤田教授の体系は、今やまさに「世界史的規模において」学問的試練に立たされるに至つたことを知ることができる。この遺産をその意義と限界を正しく認識しつつ形象発展せしめることこそ、日本経済史研究を前進せしめる道であると思わざるをえない。（一八七頁）

(5)交わらぬ視線

一九五四年の羽鳥『近世日本社会史研究』は豪農層が指導する自由民権運動の性格をつぎのように結論づけている。

この運動は少しもブルジョア的志向をもつていない。何故なら、豪農層は農村内部の旧来の社会関係を所与の前提として、この社会関係の破砕など思いもよらなかつたことであるし、自由民権運動はこうした豪農層を指導力としてのみ展開しえた社会変革にすぎなかつたからである。(二五五―二五六頁)

同書に関して多くの否定的書評が出されたが、高い評価もあった。五五年の『社会経済史学』(二〇巻四・五・六号)の安藤良雄・森川英正「近代史」は、「その問題提起の意義はすこぶる深い」「民権運動＝ブルジョア革命説の否定は、必ずしも運動の歴史的・革命史的意義を捨象し去ることではあるまい。この意味において羽鳥氏の見解は民権運動研究にとつて今後とも取上げられる価値を十分に有する」と論じている。若き日の松尾章一も、「天皇にたいする豪農の意識はどうであったろうか。この点については、屡々《しばしば》引用される河野磐州の『忠孝の道位を除いただけで……』というエピソードを挙げれば十分であるように思われる。この磐州の晩年の回顧談をそのまま引用して、民権家の精神を論じた羽鳥卓也氏にたいして、服部之総氏の手厳しい批判があるが、私は天皇にたいする考えに関するかぎり羽鳥氏の見解の方が正しいのではないかと思う」と述べている。[*25]

『論集』も羽鳥の五一年論文は「福島地方に限っての現象を普遍化しようとした性急さがあるのは否定できないが、重要な問題提起であり、自由民権運動や民権家を極度に美化する傾向に歯止めをかけた」(三四七頁)と位置づけたが、七六年の『シンポジウム日本歴史16 自由民権』(学生社)において司会の永井秀夫は、羽鳥説は「割りすぎた感じ」だが、「いわゆる上からの集権化と開明化が暴力的に進められるものだから、中央にたいする地方、変革にたいする伝統といったことが抵抗の核になるという事情があったように思う」と評している(一九八頁)。本章では論及できないが、この点を民権後に顕著となる地方優先論[*26]と関連づけたならば、羽鳥の自由民権論は別の可能性を開示しえたのではなかろうか。

『近世日本社会史研究』刊行後、羽鳥は寄生地主制成立史への関心を抱きながらも、[*27]岡山大学への転出後はアダム・スミスをはじめとする西欧経済思想史研究に没頭する。前述したように羽鳥は所説を微妙に修正するが、大石との論争はうやむやに終わった。大石は六一年に刊行した『日本地方財行政史序説』の「自由民権運動における地方自治の要求」のなかで、羽鳥との論争をふりかえり、反論され反省した点もあったが、「筆者の批判は基本的には変更しうるものとは思われない」（三三〇頁）と自説を維持した。羽鳥も五七年刊行の『市民革命思想の展開』（御茶の水書房）「初版のあとがき」で、こう述べる。

社会思想史の研究領域において、単なる「反映論」に陥らずに下部構造と上部構造との関連を具体的に究明することによって歴史の全体像の把握に迫ろうとすることは依然としてすこぶる困難な課題である。私は、本書において、素朴な、「反映論」の立場から社会思想の内在的な自己運動を抽象的に否定してしまおうとはせずに、むしろこうした思想それ自体の運動を歴史の総体の変動の一個のモメントとしてできうる限りポジティブに把えようと努めた。（三二五―三二六頁）

羽鳥は大石とともに七〇年から七一年にかけて『藤田五郎著作集』の刊行世話人をつとめている。しかし、右の文章は七六年の『市民革命思想の展開』増補版にも残った。羽鳥の不動の認識論だったといえよう。『近世日本社会史研究』以後、羽鳥は基本的に日本史から離れるが、[*28] イデオロギー分析の方法論はポレミックな五一年論文以来、一貫していたのである。

第五節　自由民権研究の新地平

以上、述べてきたことを四点にまとめて、本章を閉じたい。

第一は、日本における民主主義の内在性の発掘をめざした自由民権運動研究において、福島高商・福島大学経済学部が占めた比重はきわめて大きかったことである。一九四〇年代から五〇年代にかけて全国の研究をリードしたが、背景には戦前から藤田五郎・庄司吉之助らが蓄積してきた研究力量があった。その麓を形成するかのように、一九六二年から福島県史編さん事業が開始され、多くの研究成果が生まれた。その系譜の上に現在の福島自由民権大学も存在しているだろう。福島の〈地政学〉的な位置も無視できない。大石は「東京と福島というのは、えらく近かった〔中略〕福島は東京直通的で、中央の学界の動向と非常に密着しながらみんな勉強していた」と回想している。[*29]

第二は旺盛な共同研究と激烈な相互批判が、先導的な研究を生みだしていったことである。学問研究において意見の対立は当然だが、羽鳥・大石論争は激烈を極めた。はたして現在の大学で同僚同士、研究室を近くにする者同士の学問的激突などあるだろうか。[*30]今日、とくに地方国立大学における人文社会系分野は統廃合の動きや「社会的要請」という名の妖怪を前にして大きな危機に直面しているが、福島高商・福島大学経済学部の学的沸騰の歴史は、地方大学といえども、否、地方大学であったればこそ、いかに現実に直結した研究を進めることが可能だったか、狭い専門主義に陥らず、学的バトルをくり返すことができたかということを教えてくれる。

第三は羽鳥・大石論争が持っていた自由民権運動研究の国際化の可能性と困難性という問題である。この背景にも藤田五郎がいた。藤田が示した東北近代産業史研究の世界史的意義を踏まえたとき、福島事件から拡大展開する世界史認識の可能性があった。しかし、論争に「日本的特性と限界」や「日本史の論理」が登場してくることで、その芽が摘まれたように感じる。「日本的特性と限界」という個別性と「あらゆる国の近代化の過程で直面する中央集権と地方分権の調整の問題」という全体性を突き合わせることなく、いわば自由民権運動研究の国際化は頓挫した。[*31] この〈世界史としての自由民権運動〉をどうつかまえるかという点にこそ、羽鳥・大石論争の本質があっただろう。大石の羽鳥批判論文はつぎのように結ばれている。

自由民権運動の地方自治確立の要求内容についてみる限り、この運動はまさに歴史の近代的進化の過程で推転する「下から」の道を、日本の近代化の過程で代位したと言うことができるのではなかろうか。それは、先進資本主義国との対抗のため「上から」の道が余りにも急激であったことと、思想の輸入によって意識のみが先走りしたことによって、「下から」の道が本来あるべき姿より先進しすぎた表現をとったことをも考慮に入れつつ、われわれはこのように結論したいのである。(『論集』二五七頁)

しかし、かかる認識こそ羽鳥は嫌悪した。先進資本主義国における地方自治要求とはいったい何なのか、日本の近代化と先進資本主義国の近代化の比較検討の尺度とはいったい何なのか、そもそも「先走り」的に近代ヨーロッパの思想や意識は導入されたのか、「先進すぎた表現」などあったのか、という疑問だった。民権運動研究者はあまりに近代とか先進国とかをアプリオリに設定(信仰)しすぎている。羽鳥はこの点を徹底的に批判した。民権運動の指導者は「ヨーロッパの近代思想から多くの影響をうけていたのである。しかも、彼等の『精神』の根柢は何等の影響をうけることがなかつた」(『近世日本社会史研究』二九頁)し、「彼がいかに西欧自由主義思想に精通しようとも、彼が身につけた自由主義思想の一切は、所詮、『忠孝観念』を基準として、いわば前期的に歪曲されて理解されたものに過ぎなかつたのである」(同三〇頁)と。

これは乗り越えられるべき壁であった。羽鳥と大石のみならず、当時も現在も自由民権運動を研究する者に求められる世界史の視界ではあるまいか。

第四は羽鳥の精神史研究が持っていた先駆性である。五七年の『市民革命思想の展開』が明確にのべているように、羽鳥は反「反映論」の立場だった。これは一九六〇年代の色川大吉の精神史の方法論の先駆をなしていただけではなく、哲学研究・社会思想史研究における「反映論」批判に先駆ける発言でもあった。管見ではマルクス主義における「反映論」を批判した先駆的作品は五九年の中野徹三「マルクス主義美学の根本問題―伝統的理論の批判と現代的課題の設定のために―」(『思想』四二六号、一九五九年)である。[*32] 戦後マルクス主義思想の再検討にとっても、羽鳥卓也の論考は欠かすことが出来ない。

しかし、大石も単純な反映論者だったわけではない。『日本地方財行政史序説』「序章　課題と方法」において、「その構造的把握が地方財政問題を経済構造の単なる反映として、全く客観的な運動としてのみとらえるに止まるならば、すぐれて政治的すなわち主体的運動を通じてのみ問題化すべき財政問題の把握としては、やはり科学的な責務を充全に果したとは言い得ないであろう」(三頁)と方法論的立場を述べている。また大石が晩年の作品『日本近代史への視座』に収めた「自由民権百年と研究者の課題」(初出は一九八一年)で示したつぎのような「重要な問題提起」[*33]は人間理解への提言として、きわめて魅力的にして重要である。

現在の研究にとってもっとも難しい問題は、〔中略〕自由民権の研究史にそくして考えれば、一つには服部之總さんの指導―同盟論があるが、それも階層としての人間であるのにとどまる。それよりも検討に値いするのは、色川大吉さんの「群像」論であろう。私の理解では、それは、共通の場をもち、共通の理念で協同した運動主体がその後それぞれ異なった思想と行動の軌跡をえがく、そのような個々人を一定の人間類型としてとらえる方法であると思われる。〔中略〕私にとって問題関心となるのは、そのような類型としての人間を、経済過程や階層構成とどのようにかかわらせるか、ということである。（三五頁）

ここに色川をはさんで、大石の経済史研究と羽鳥の精神史研究との融合——つまり、藤田の中にほのかに芽生えていた「経済史と精神史の関係」——が予想されるのである。

今日、一見すると時代錯誤だが、その実、きわめてポスト・モダンな専制的抑圧的な社会状況が生まれているなかで、「民衆的地盤の上での近代化を阻止している社会的諸条件が何であり、そうした諸条件を、基柢的に規定するものが何であるかを歴史的に追及してゆくことは歴史学に志す者が少くとも気にかけなければならないことではなかつたろうか」という羽鳥卓也の訴えに、はたしてわたしたちは十分な答を持ち得ているだろうか。

第八章　大学闘争の中の東北

第一節　全国学園闘争の時代

二〇一七年秋、国立歴史民俗博物館で企画展示「『1968年』―無数の問いの噴出の時代―」が開かれ、筆者は北海道大学・弘前大学・広島大学の学園闘争を担当した。[*1] 大学闘争は日大闘争や東大闘争をはじめ首都圏・関西圏の事例が知られるが、[*2] 各地の学園紛争[*3]や七〇年代の学生運動も重要である。

その際、大学闘争とは大学だけの問題ではなく、地域の問題でもあったという点に留意したい。大学闘争から約一〇年後、ある雑誌に「いったい、大学紛争はどれだけ地方大学を民主化したのでしょうか。いいかえれば、地方大学はどれだけ『民衆』へ『地域』へ、『民衆文化』へ、大学紛争を契機に接近したというのでしょうか」という声が載った（『現代と思想』三四号、一九七八年、「編集者への手紙」）。ほとんど「接近」しなかったのではないかという四〇年以上も前に投げかけられた批判を意識しながら、本章では東北における大学闘争に焦点をあてる。個別研究としては東北大学に関する論文（加藤諭「1969年における東北大学の学生運動―豊田武教授収集資料を通じて―」『東北大学史料館紀要』七号、二〇一二年、同「1970年代における東北大学の学生運動」『東北大学史料館紀要』九号、二〇一四年）があるが、ここでは一九六九年前後の弘大闘争を描いてみたい。

弘大闘争は七二年の連合赤軍事件に関与した植垣康博の『兵士たちの連合赤軍』（彩流社、一九八四年、新装版・二〇〇一年、改訂増補版・二〇一四年、以下初版を利用し『兵士』と略）で知られるが、最近、安彦良和・斉藤光政『原点』（岩波書店、二〇一七年）、安彦良和『革命とサブカル』（言視舎、二〇一八年、以下『革命』と略）、UNION協働組合編著『それぞれの「原点」と「革命」　1970弘前をともにして』（言視舎、二〇二〇年、以下『それぞれ』と略）など全学共闘会議（全共闘）系からの発言が相次いでいる。アニメーター・漫画家として著名な安彦良和は後述するように弘大全共闘の中心人物だった。元教職員の杉山新吉『菊の花　公務員生活の四十八年』（津軽書房、一九七五年）、庄子茂『鵬の歌　弘大勤務三十六年の回顧』（津軽書房、二〇〇四年）の証言も貴重である。[*4] 研究史的には小熊英二『1968』（上・下、新曜社、二〇〇九年）が『兵士』に依拠して論じている。

筆者は『青森県史　資料編　近現代6』（二〇一四年、以下『県史』と略）で弘大闘争を取り上げ、つぎのように特徴を整理した（六五一頁、一部加除）。第一に、当時学内で政治活動をしようと思えば、日本共産党・日本民主青年同盟（民青）と関係を持つしかなく、全共闘を結成する安彦良和（人文学部・六六年入学）、共産主義者同盟赤軍派をへて連合赤軍に入る植垣康博（理学部・六七年入学）や青砥幹夫（医学部・六七年入学）らもはじめは民青だった。第二に、全共闘は彼ら民青離脱派が主導的にスライドして結成したのであり、ノンセクトによる下からの結成や、新左翼セクトによる上からの結成ではなかった。第三に、後発の運動だったため闘争エネルギーが十分あり、次第にセクトの指導が入り急速に暴力化・武装化し、学園闘争から政治闘争へ転換した。第四に、主導的なメンバーが中央闘争に動員され、全共闘は学部・クラスを基盤とする組織からセクト連合化していった。

弘大闘争は対照的な動きを生む。一つは共産党・民青系学生が六九年一二月の第三三回衆議院議員総選挙において東北初の共産党代議士津川武一当選の原動力になったことである。[*5] 津川勝利はノンポリ学生にとっても、「なにか社会に向かって自分の心を託す対象」だった（『革命』二六九頁）。もう一つは七二年の連合赤軍事件に至る赤軍派を輩出したことである。赤軍派は弘大での「部隊」編制さえ要求した（『革命』三四頁）。両者を結ぶ人物が植垣である。彼は六八年一〇月に民青に加盟し、六九年一月には津川後援会の任にあたるが、同年四月に民青を離脱して全共闘の中心メンバーとなり、第四インターを経て同年九月に赤軍派に合流した。

大学闘争に関する共産党・民青系からの発言が少ないことが、全体像への接近を困難にさせてきたが、[*6]弘大闘争も例外ではない。本章では主に弘前大学附属図書館所蔵『学生運動宣伝用印刷物』全一〇冊（本編九冊、別綴一冊。以下『学生印刷物』と略）を活用して、弘大闘争の位置と特質に迫ろうと思う。

第二節　一九六〇年代後半の弘前大学

弘前大学は青森県津軽地方の中心都市、弘前市にある。前身は太宰治の出身校として知られる官立弘前高校をはじめ、青森師範学校、青森青年師範学校、青森医学専門学校、弘前医科大学である。安彦や植垣は城下町弘前の静けさに驚き（当時の人口は約一六万人）、キャンパスも平穏無風だったと振り返っているが、[*7]実際はそれほど静かだったわけではない。六〇年代後半にはベトナム反戦運動や反基地闘争、学寮闘争や能研テスト導入反対運動、医学部のインターン制度・

登録医制度反対闘争のほか、後援会闘争・自治会結成問題・就職差別反対闘争・教員の暴力事件などがおこっている。

なかでも後援会闘争は大きかった。一九四八年に発足した「青森県国立総合大学設置期成協力会」は、五三年に「財団法人弘前大学後援会」に改編され、以後大学拡充・校舎改築に向けて、教職員・学生から巨額の寄附金（募金）を徴収していた。後援会の活動には反対の声が強く、六七年四月に資金流用が報じられたことで、学生自治会は「全学代表者会議」（全学代）を結成し、真相究明の声をあげる。七月には大学評議会内に「後援会問題委員会」が組織され、九月には教員有志が「弘前大学学内問題懇談会」を結成して、問題解決に向け起ち上がった。[*8]

後援会の理事長が竹内俊吉県知事だったため、県議会でもとりあげられた（『青森県民主新聞』一九六七年七月七日付「弘前大学後援会不正事件」、副会長は佐藤熙弘大学長・藤森睿弘前市長・相馬五郎元県議、顧問は津島文治参院議員）。後援会は大学と地域をむすぶ存在であり、後援会闘争は学内に収まる問題ではなかった。

一二月に大学側は募金廃止・後援会解散に追い込まれ、学長選挙では後援会を擁護していた現職が落選する。民主化を求める学生は、後援会問題を「政府の文教予算をできるだけ切り詰め、その不足分を我々に負担させ〔中略〕政府の文教政策に迎合して行くと云う形で、学長は予算を獲得するために大学の自治を売り渡して行った」過程ととらえ（『弘大評論』創刊号「座談会『学園民主化への胎動』」一九六八年、二〇頁）、反対闘争は「学生の理論と実践によって闘われ」、「後援会費の不正徴収反対から、後援会解散、学長退陣まで、すべて学生の手によって遂行された」（同「後援会問題総括」二三頁）と自負した。

六八年五月には職員組合が結成される。日の丸を毎日掲揚するのは防衛大と弘大だけと言われ、学生課長が学生の立て看板を無断で撤去するような状態だったが、日常的な日の丸掲揚は職組誕生により廃された。[*9] 六七年から六八年にかけて、弘前大学の民主化は大きく前進した。それと並行して起ったのが、ベトナム反戦だった。

安彦は入学直後に民青に入るが六七年に脱退し（『原点』一一五頁）、べ平連（ベトナムに平和を！市民連合）の影響下、「ベトナムの平和を願う会」を民青の蟻塚亮二（医学部・六六年入学、のち精神科医）と結成する（『革命』二五三、二五九—二六〇頁）。民青を離れても、「トロツキスト」にならない限り、ベトナム反戦運動は提携可能な時代だったという（同二六一頁）。七一年頃作成の『㊙資料　トロツキスト』（民青弘大トロツキスト資料編集委員会）によれば、六七年一〇月の羽田闘争以後「十名位のブント系のトロツキストが、学内でビラをまいたりしていた」（九頁）。ブント（共産主義者同盟）が強かった医学部の学生だったかもしれない。『鵬の歌』は『菊の花』の記述をうけて、六八年「秋頃から全共闘派の学生がちらほら目につくようになっていた」（一一頁）と記すが、早すぎる。おそらく〈のちの〉全共闘派学生という意味であろう。『原点』に至っては弘大全共闘の結成を六八年五月とするが（一二一頁）、これでは日大全共闘と同時期となる。これも早すぎる。

その六八年に警官入構事件がおこる。『兵士』によれば、夏休み直前のある夜、入構した私服刑事を学生が取り囲み追及した（四二頁）。私服の釈放をめぐり、やむなしとする民青系と反対の反民青系が対立した。『革命』は教育学部のボヤ騒ぎへの警官入構の対応をめぐり、民青系と反民青系が対立したと記している（一〇五頁）。いずれも男声合唱団所属の植垣が練習帰りに遭遇したとしているから、同一事件であろう。「43.6.28」とメモされた北溟寮（男子寮）寮務委員会のビラ「全学友、教職員に訴える！〝警官15名以上が学内に立ち入る〟」によれば、事件は六月二七日深夜におこり、抗議の学生は一五〇名に達した。*10 共産党学生細胞機関紙『学生戦線』号外四号（日付不明）「大学の自治を守るために学生・教職員は団結して官憲の大学内不当介入に断乎反対しよう」によれば、二週間前に弘大を会場に開催された東北地方寮連大会の警備と称して官憲二〇〇余名が学内潜入を試み、同夜も弘前署員一〇〇余名が非常呼集されていたという。官憲侵入に激しく抵抗したのは元民青派の「反戦学生委員会」だった。中心人物の滝浦孝（人文学部・六六年入学）は入学後民青に加盟し、労演（勤労者演劇協議会）の活動をする一方、中核派機関紙『前進』を購読するという日々を送っていた。滝浦は共産党から入党を誘われたが、「断り、三派系の全学連が切り拓いていった反戦運動を弘前でもやろうと思い、弘前大学反戦学生委員会をつくることになった」[*11]。時期的には六八年四月以降である。北海道室蘭市出身の滝浦は両親が岩手県生まれであり、東北や地域への想いが強かった。「私には古代東北以来の蝦夷の地や戊辰戦争での薩長に対する怨念は伝わり、簡単に明治維新を革命として認めはしなかった」（『歩んだ道』三六頁）、「日本の地域の複雑性や特異性、その歴史は地域によって全く異なってい た。ある時明治維新の薩長同盟の成立だ、と社共の人が喜んで乾杯したが、今の政治や教育制度、二枚舌の人間性や朝鮮侵略は、薩長の西日本が明治政権を樹立したことによって始まったので、やつらにやられた会津や南部など東北武士の無念と、奥羽越列藩同盟に同情する北方人と西国人は全く別の国のように思っていた」（同四二―四三頁）。当時の学生活動家でこうした想いを抱く例は稀ではなかっただろうか。滝浦はのちに東大安田講堂事件で逮捕される。

反戦学生委員会について新栅庸一（人文学部・六七年入学）は「党派的運動の矩を踏み外したもの」として、結成の思いをこう回顧している。「全国紙や一般誌で知ることとなる新鮮な行動を、その場に駆け込んで体感するのではなく、辺境の平凡な地方においても示して、遅れた学生ではなく同質の地平に立つ有意で先進的な部分が中央と同じく存在することを何よりも訴えたかった」（『それぞれ』一三七頁）、「中央で繰り広げられている闘争を志向して、この無風地帯だった辺境にその存在と行動を顕在化すること〔中略〕中央や中心にある他者への受身的迎合を超えた、大きく強い一体感が形作られていた」（同一三七―一三八頁）。

〈辺境〉学生の焦燥感・疎外感とともに、〈中央〉〈全国〉との連帯感・一体感の渇望も指摘できるが、注目すべきことは、それが中央・中心の闘争現場に「駆け込」むという体感（肉感）主義ではなく、「辺境の平凡な地方」に責任を持つ在地（地域）主義への立脚だったということである。それは辺境と中央の一致・合流の意識、平等主義の発露であり、「同質の地平」宣言であった。この時点で弘大闘争は「〈中心となる権力を忌避した周辺にあって、ことごとく多様性を志向する自由な位置から離れることはない〉という強い意志の率直な表現」（『それぞれ』一〇二頁）の段階にあり、後述するように外形的には「〈党派性の乱立の構図〉」（同前）を見せていた。

こうした辺境・地方に根差して中央・中心を相対化しつつ自己形成したものの、後述するように、最終的にはそれに同一化していった精神性は、地方大学における闘争情念ととらえることができるのではなかろうか。一方、そうした闘争情念とは異なり、安彦の場合は最初から、「なにもかもが暗い津軽や、いじましい弘前の街とそこに在る大学」への「絶望と後悔」があったと思われる（『原点』一三五頁）。つまり、大学闘争は政治の論理・力学のみで動いていたのではなく、歴史的あるいは現実的な心象風景や生活環境の中で形成・推進されもしたということである。

さて、反戦学生委員会に関係していた安彦が創刊したミニコミ『こんみゅん』について考えてみよう。『原点』は「反日共系学生がようやく上げた狼火」と位置づけている（一三七頁）。これは首肯しえても、『革命』が「弘大全共闘の機関誌的刊行物」と紹介し（二九頁）、安彦が創刊を「六八年の初め頃」（一六〇頁）とするのは早い。『革命』には①六八年一二月一四日付六号の安彦論文の一部（三五四・三九三―三九四頁）、『原点』には②六九年二月二五日付号外一号（一五二頁）が載っており、『学生印刷物』には③六九年九月六日付号外（号数なし、復刻は『県史』資料三八三）がある。③には「こんみゅん第11号　発売中」「こんみゅん第12号　10月10日発行予定」と見えるので、月刊だったと思われる。さらに「昨年10月15日付本紙第4号」とあるから、創刊は六八年夏頃であろう。前述の警官入構事件の前後である。旧稿ではこのように推測していたが、『それぞれ』に『こんみゅん』創刊号が復刻されていて、はたしてその日付は六八年七月五日であった（最終号は六九年一一月四日付一二号のようである。『それぞれ』六二〇頁）。

つまり『こんみゅん』が「反日共系」のメディアから「全共闘の機関誌的刊行物」となるのは弘大全共闘が結成される六九年四月以降のことである。また同年一〇月一四日付『反戦』八号も

「弘前大学全学共闘会議機関紙」を名乗っている。『反戦』は週刊なので逆算すると九月初めの本部封鎖（後述）直前の創刊となる。一時期、弘大全共闘のメディアとして、月刊機関誌『こんみゅん』と週刊機関紙『反戦』が並走していたものと思われる。[*12]

第三節　東大闘争支援から入学式事件へ

一九六八年におこった東大闘争には全国動員がかかり、弘大からも民青系・反民青系双方が参加した。[*13] 六九年一月一八日から一九日にかけて安田講堂事件がおこるが、一八日に全学代は柳川昇学長宛に東大七学部集会（一月一〇日）で確認された一〇項目（東大確認書）について公開質問状を出し、二〇日にはビラ「東大への機動隊導入と政府・自民党の反動的策謀を糾弾し、東大問題の自主解決を破壊する『全共闘』一派を糾弾し、学生・院生・教職員の努力に背を向けた大学当局に抗議する！」を出す。二一日には全学代が「東大闘争勝利学園民主化諸要求実現1・21全国学生統一行動弘大総決起集会」を開催している。医学部を除く五学生自治会（教育・人文・教養・農・理）・寮自治会・生協による集会だった（一月一七日付ビラ「東大闘争勝利学園民主化諸要求実現1・21全国学生統一行動弘大総決起集会に結集しよう！」、同二〇日付ビラ「今こそ勝利の進撃を！」）。集会はつぎの四点を決議している（一月二一日付ビラ「闘争宣言」）。第一に、大学への政府文部省の介入を粉砕し、大学の反動的再編成を阻止する。第二に、学生部次長制粉砕をはじめとする弘大民主化のたたかいへの壮大な足場とする。第三に、一九七〇年を目前にして、安保破棄、沖縄全面返還へのたたかいの突破口とする。第四に、全国各地で無法の限りを尽くして恥じない反全学連諸派を学園から一掃し、学生運動の民主的発展を保障する。

大学闘争の全国性と個別性、政治闘争の重視、のちの全共闘批判に連なる学生運動論を掲げているが、この時点では「全共闘」ではなく、「反全学連諸派」と呼んでいる。東大闘争の影響は、『弘前大学新聞』（民青系）[*14]同二一日付号外が「東大闘争資料」として、確認書全文を掲載していることからもうかがえる。

一方、前年来の就職差別抗議運動も高まり、「欺瞞に満ちた平穏の中で、安易で無気力な日常に埋没し、無為と倦怠に思考を毒され、惰眠をむさぼっていた弘前大学にも覚醒の時が来た」（一月二〇日付新就職差別糾弾行動委員会ビラ「覚醒のアピール」）。一月三〇日には二月四日の沖縄ゼネストに向け、「行動委員会」が結成されるが（一月三〇日付行動委ビラ「本日の行動委決起集会に結集しよう！」）、ゼネストは不発に終わる。ゼネストに「革命的闘争への展望」をかけていた植垣は、活動に確信が持てなくなったという（『兵士』四八―四九頁）。

以後、春先まで全学代が運動をリードするが、四月一〇日の入学式に「全共闘（準）」が乱入する。自治会は同日付でビラ「入学式における『全共闘（準）』の蛮行を告発する！」を出す。全共闘の初出である。四月一八日には「全共闘（準）」が「全国学園闘争勝利弘前連帯集会」を開催している。東北各地を回っていた「東大・全国学園闘争勝利労農学市民連帯集会」の一環である。安田講堂で逮捕された六名の連帯アピールも披露され、参加者は三〇〇名に及んだ（同日・一九日付ビラ）。「弘前大学全学共闘会議（準）」の名前で報告ビラも出ている。全共闘を自称した初出である。[*15] 弘大全共闘の結成はほぼこの頃だろう。全共闘の規模について、安彦は全体で「六十何人」、安彦が在籍する人文学部文学科では彼を含めて二名だったとのべている（『革命』一五六頁）。

植垣の『兵士』は、民青から全共闘への転回を考えるとき、興味深い。植垣は反民青の学生たちから「民青トロツキスト」と呼ばれるほど反民青派を暴力的に排除する一方、彼らの主張に学び、「安保廃棄行動委員会」を結成するなど民青の〈最左派〉として活動していたため、問題視されたと回顧している（四九―五一頁）。こうも述べる。「日共―民青のもとで、新左翼の学生を中心とした反戦反安保闘争以上の労働者、農民を中心とした反戦反安保闘争を組織し、それに学生の闘争を合流させていくことが要求されているのだと判断し」（四六頁）、「民青の主導的地位を強化していくためには、大学の変革を正面から取り上げていくとともに、学内での闘争を政治闘争と結合させ、政治闘争を積極的に組織していかなければならないことを理解した」（五〇頁）。

この記述からすると、植垣は新左翼ではなく共産党・民青に高い戦闘性・革命性[16]を見出す突出した民青活動家だったように見えそうだが、民青時代および民青脱退後の植垣を安彦はほとんど記憶していない。『兵士』には少なからぬ脚色と美化作用がある。植垣の客観的存在は本人が言うほど大きくはなかったのではないか。中心的存在になるのは後述の本部封鎖以降のようである[17]。

話しが前後するが、六九年春に植垣は共産党に入党したものの、議会主義に疑問を抱き、入学式事件を機に共産党・民青から離れる。同時期には東大闘争に参加した中堅同盟員やたたきあげ同盟員の離脱が多かったという。その結果、対照的に脱民青派・反民青派の活動が浮上する。東大闘争が全国動員された民青同盟員に及ぼした影響は、あらためて検討されるべき問題だろう[18]。

安彦によれば、やがて中核派・革マル派・第四インター・社学同・解放派・革労協など諸セクトが「そろいぶみ」し（『原点』一二一―一二二頁）、全共闘は「日共・民青系からドロップして来る『もともとアカい』のと、ノンポリだった『アカくない』のが混じり合」う格好となった

(『革命』一一七頁)。この点に関して、植垣はこう述べている。全共闘は元民青派の反戦学生委員会が「学部ごとの闘争組織に立脚した全学的組織」へ改編されたものであり、「どの党派も少数で、党派としての区別などほとんどなく、無党派が圧倒的だった。だから、この段階では、全共闘が諸党派によって分割されたり、囲い込まれたり、ふりまわされたりすることはなかった」(『兵士』六〇頁)。まさに「『前進』と『解放』〔革マル派機関紙〕がザコ寝」「赤ヘル〔ブント〕を真ん中にして左に中核、右に革マル」(『歩んだ道』一五六・一九五頁)の状況であり、どのセクトも主導権を握れず、学部・クラス単位で編成されたことが、「全共闘運動が急速に成長し、全学をまき込んでいった重要な根拠の一つ」(『兵士』六〇頁)だった。

植垣は民青離脱後、すぐには元民青派の反戦学生委員会に入らなかった(『それぞれ』二六頁、『それぞれ』の植垣発言は一九八一年「弘大闘争をふりかえって」より)。「民青をやめたといっても、新左翼に対しての批判的な観点を捨てなかったからである」(同前)と述べているので、植垣にとって反戦学生委員会は新左翼的組織に映ったのであろう。そもそも、新左翼のセクトに入らなかった訳を、「日共‐民青のもとでの闘いの狭さや固さへの反省から、闘争を自党派の指導の下におこうとする諸党派に規定されない独自性をもって闘っていこうとした」からであったとも回想している(『それぞれ』三一一頁)。そうした〈反民青〉〈ノンセクト〉的状況・心性に注目したいが、それは植垣に限られたものではなかったと思われる。この〈中間〉的情況を背景に、六九年春の教養部学生自治会（C自）執行委員選挙に「弘大に於ける日共＝民青のイデオロギー支配を粉砕し、全国学園闘争の今日的質を奪還せよ！」と訴えるグループが立候補し、つぎのスローガンを掲げた（日付不明ビラ「幻想の自治を粉砕し自立的闘争主体を確立する自治会運動を！」）。

○国大協自主規制路線に迎合する「参加の主張」の幻想性をあばき、学生権力を学園に樹立せよ！　○形骸化した自治会のポツダム民主々義を止揚し、闘う主体の自治会運動を確立せよ！　○「学生部」に象徴される体制大学の学生管理機構を粉砕せよ！　○学部後援会の本質を極め、就職課題に於ける自己否定の論理を粉砕闘争に組織化せよ！　○寮闘争、学館闘争、医学部闘争を貫徹する中で教養部闘争連合を組織せよ！　○七〇年反戦反安保闘争の質を学園諸闘争の内に顕在化せよ！

四月二八日には沖縄闘争が弘前市内でも行われ、「人文闘連」「医学部反戦評議会」「弘前べ平連」「マルクス主義研究会」などデモ参加者は一〇〇名に及んだ。

理学部では「理学部共闘会議」（理共闘）が結成された（『兵士』五七頁）。議長は植垣だった（七〇年前半・理学部自治会執行委員統一候補ビラ「70年代とは進撃の時代である！」）。さらに六月九日に全共闘は「アスパック粉砕・大学立法粉砕集会」をもち、「全学バリケード無期限ストの構築を」のスローガンのもと、完全武装で市内デモを行い（六月一〇日付教育学部学生自治会〔P自〕執行委員会ビラ「全共闘（準）の挑発行為、機動隊の弾圧強化を断固、糾弾する！」）、初めて五人の逮捕者を出した。警察側は六月六日に陸上自衛隊青森駐屯地において東北管区警察局・青森県警本部主催で投石に対するガス規制、道路上のバリケード撤去、座り込み排除などの合同警備訓練を行い、青森県五六五人、岩手県六八人、秋田六七人の総計七〇〇人が参加している（六月一〇日付C自執行委員会ビラ「全共闘（準）の危険な役割」）。自治会は全共闘の街頭デモは機動隊の弾圧を引き出し、学生運動全体への規制の呼び水になると批判した。[*19]

第四節　大学立法反対闘争

五月二四日に「大学の運営に関する臨時措置法案」が国会に上程され、大学立法反対闘争が本格化する。すでに人文学部学生自治会（L自）は「我々の民主的学生運動を圧殺し大学をファシズムの牢獄と化する諸々の反動的大学立法を尽く粉砕しよう！」と訴え（五月一五日付L自機関紙『学生の自治』六号）、二四日の職組定期大会では大学立法上程への抗議声明が決議されている（日付不明『学生の自治』七号、六月五日付『学生の自治』八号）。

六月二〇日には開学以来初の一日ストライキが教養部と教育学部で行われ、二一日に職組・自治会・生協共催の「大学立法粉砕弘大全学総決起集会」（八〇〇名）、二三日に教養部自治会の「安保・大学立法討論集会」、七月一日に「大学立法粉砕・学園民主化弘前大学統一集会」が開催された。

しかし、学生からはさまざまな声があがっている。農学部からは反対闘争の孤立化が語られ（六月二〇日付ビラ「我々は大学立法に反対し、ストライキを決行する！」）、教養部では教授会と共同デモをしようとの提案があった（日付不明ビラ「全学ストに反対し、全学デモおよび教授会との連帯を提起する」）。「教養部闘争会議」（C闘）は、ストは「対外的な反対の意志表示」ではなく、「現体制への告発としての叛逆」「日常性への拒否」であると訴え（六月二〇日付ビラ「今、何が問われているのか？」）、六月二七日に全共闘の教室占拠・自主管理がおこる。ある関係者（中核派、元民青）は学生部に部室使用申請書を提出したと述べているが（『革命』一二〇頁）、これは占拠した教室がすでにサークル部室獲得委員会により部室使用が確約されていた上での話であった。共産党は「横取り」と批判した（七月一二日付『学生戦線』「弘大の民主的変革を発展させ、『全共闘（準）』一派の策動を打ち砕き、立法粉砕闘争を更に強化しよう」）。

七月一日の弘前地区統一集会には全共闘も参加し、自治会系学生と乱闘に至っている（七月二日付ビラ「暴力・分裂主義集団『全共闘（準）』を糾弾し、全学友は更に団結を固め前進しよう！」）。自治会は翌二日に「大学弾圧立法粉砕・全共闘（準）糾弾集会」を開き、全共闘も全学集会開催で対抗した（七月二日付ビラ「大学立法粉砕全学集会に決〔結〕集せよ！　対大学当局大衆団交を勝ち取ろう！」）。

自治会は七月に入り教育学部と教養部で第二波ストに突入し、広く市民にも大学立法の問題性を訴えた。しかし、反発の動きもあり、教育学部では反対派が臨時総会開催を求める署名活動を始め、二〇〇名以上の賛同を得て臨時総会が開かれた（『東奥日報』七月一二日付）。一方、理学部では理共闘が無期限ストを提案し、七月中旬の学生大会で執行部リコール動議を可決し（『兵士』六六頁）、九月の執行部選挙は理共闘が勝利した（同七一頁）。

しかし全体としては、大学立法反対闘争は大学ぐるみで展開された。七月一七日の職組主催の教職員市内デモには各学部長が先頭に立ち、出発前には「弘前大学教職員総決起集会」の名で、首相・文相・自民党国会議員宛に大学立法撤回要請を、野党国会議員宛には激励電報を打った。学長も激励の挨拶をしている。大学立法は八月三日に強行採決されるが、翌四日には教職員の抗議集会や自治会の「立法強行採決糾弾抗議集会」のあと統一デモが行われ、五日には学長・評議会名で大学立法に抗議する声明を発表した。この間の七月二八日には、評議会の諮問機関であった「大学問題研究委員会」が「大学における学生の地位と役割（中間報告）」[*20]を発表している。

なお七月三〇日の東京での全国全共闘代表者会議には弘大全共闘も参加している（水谷宏編『全国全共闘』亜紀書房、一九六九年、一四頁）。夏休み明けの九月からは、大学立法実質化阻止闘争がおこる。

第五節　全共闘による本部封鎖占拠

九月四日、自治会の「全学総決起集会」が開かれている。夏休み中に開催された全学連大会（民青系）の報告会でもあり、夏期闘争から秋期闘争への転換点とされた。二日後の九月六日、全共闘は大学本部を封鎖占拠する。[*21] 事務局封鎖は東北の大学の中では遅い方だった。[*22] 一時民青のオルグ対象でもあったある封鎖学生は、「あの、白々と明けつつある未明の高揚感は忘れがたい。ああ、やりきったという達成感だった。ここ本州最北端の弘前大学で、最後尾の全共闘として、公然と産声をあげ、闘争拠点の本部バリケードを構築したのだった」と回顧している（『それぞれ』二八七頁）。植垣によれば、封鎖占拠戦術をめぐり、全共闘内部でも意見は分れたが、夏休み初めに本部封鎖方針を決め、八月中旬まで闘争資金獲得のアルバイトをしていた（『兵士』六八頁、『それぞれ』二一九―三〇頁）。九月五日には全共闘はつぎの六項目を大学当局に要求した（『東奥日報』九月七日付「全共闘が本部を占拠」）。

一、大学立法の粉砕　二、学部共通細則の白紙撤回　三、サークル部室の早期設立　四、教授会処分権の全面撤回　五、弘大大学問題研究委員会の中間報告粉砕　六、以上の要求を大衆の前で確認せよ

本部封鎖について安彦は、「あのころの学生運動は校舎に立てこもり、機動隊導入まで行かないとしゃれにもならなかった」（『北海道新聞』二〇一二年三月一二日付夕刊「私のなかの歴史⑦」）し、「どこの大学でもやっていたことなので、弘前大学でもバリケード封鎖までいかないとおさまらないだろうという雰囲気がただよ」い（『原点』一六二頁）、「自己目的化」（同一九一頁）していたと述べている。安田講堂事件を体験した全共闘メンバーは、「やってもしょうがないだろうとは思った」「今頃封鎖やっても。まあ、真似というか、コピー」と回顧し、安彦も「縮小コピーだ」と応えている（『原点』三三六頁、『革命』一六五頁）。封鎖はたんなる抵抗のポーズ、パフォーマンスでしかなかった。

全共闘は、封鎖占拠したのは大学立法を批判する九月五日付「学長談話」が全共闘の教室不法

占拠を非難したからだと説明したが（『東奥日報』九月七日付）、本部封鎖に至る経緯に食い違いが見られる。植垣によれば、本部封鎖は六日夜の予定だった。しかし昼過ぎに五〇名ほどで「本部前でジグザグデモをしていた時、本部の入り口にいた数名の右翼風の職員らがデモの隊列に手を出して小競り合いをするという思わぬハプニングが起きた。そのため、デモ隊は、この挑発的態度をとった職員たちを追う形で、本部内に入ってしまった」。植垣はデモ指揮をしていた。「本部内に突入したことをそれほど気にせずにいた。ところが、デモ隊が本部内に突入したあと、ガラスの割れる音や人がぶつかり合う音が聞こえたと思ったら、たちまち本部の占拠は始まり、職員たちが騒ぎ出した。何ら武装しないままの予定外の本部占拠にあわててしまったが、もはやあとに引けないので、そのまま封鎖を指示し、職員たちを本部内から排除し、バリケードを作った。こうして、九月六日の午後二時過ぎ、本部封鎖が強行されたのである」（『兵士』六九―七〇頁）。本部庁舎内でのデモはそれまでにもあったが、これが本当ならば、植垣の完全な指揮ミスであった。

当日配布の全共闘ビラ「学長・評議会糾弾・六項目貫徹・全学総決起集会に総結集せよ！」によれば、当日一三時より教養部大教室にて同集会開催が予定されていた。おそらく、集会終了後に本部周辺でデモをして気勢を上げていたところ、ハプニングがおこったのだろう。新柵も「前夜までの計画会議では次の行動について明確な一致を得ぬまま」であったと記している（『それぞれ』一四九頁）。ただし、自治会側資料はこの集会で本部封鎖が決議されたと報じている（九月八日付C自執ビラ「全共闘の蛮行を糾弾する‼」）。

安彦の回顧は異なる。「大学側に対して団体交渉に応じるよう、われわれ全共闘学生数人で学生部長と本部庁舎で交渉しているときに突然、物音が聞こえはじめたんです。建物に突入する音でした。あっ、もうやっちゃったのかと。気のはやい連中がはじめてしまったんです」（『原点』一六〇頁）[*23]。こうも述べている。本部封鎖計画に乗り気ではなく、「必然性も説得力もない」と思っていたが、「回り始めた歯車は停めることが出来なかった」（『原点』一九二頁）。そこで「一般学生の共感」を得るために、「ともかくも『形』だけはつくろう、ということで当日に団交を申し入れ」、学生部長とのやりとりに入ったところ、封鎖占拠が始まったというのである（同一九二―一九三頁）。封鎖占拠は計画的に実行されたのであり、「暴発」だったのではない。大学側も本部封鎖を〈想定〉して、重要書類は別の場所に移動済みだった（『菊の花』一四〇頁）。

またある者はつぎのような証言をしている。「ぼくを含め40人くらいの隊列だった。本部にジグザグデモをしかけて、本部長室で交渉していた安彦、青砥、中澤らの各氏と合流した時、だれかが『それっ、本部封鎖せよ』と叫んだのだ」（『それぞれ』一八六頁）。

全共闘サイドの証言は一致していない。植垣と安彦の証言は自己弁護的であり、とくに安彦の場合は記憶違いか意図的回想と思われる。[*24]

なぜならば、自治会の九月七日付ビラ「6日午後2時半、本部封鎖さる！（事実経過報告）」はまったく違う経緯を示しているからである。それによれば、本部内の学生部長室で学生部長交渉を行っていたのは、安彦ら全共闘ではなく、自治会・寮連の代表だった。この日、自治会・寮連代表二〇名ほどが九月四日の集会後のデモを職員が尾行した点を追及し、学生部長・学生課長に謝罪を求めていた。そこに全共闘が乱入して衝突となった。この経緯は新聞報道でも明らかである。全共闘が学生部長交渉をしていたとはどこも報じていない。ビラによれば、自治会・寮連代表は屋外に追い出され、「学生部長は逃げおくれて30分ほど部屋に事実上とじこめられ、六項目要求による大衆団交をせまられ」、「学生部長は全共闘と評議会との話し合を約束し、全共闘はその間封鎖を拡大せず、職員の出入りは認めるということも約束したという」。同日付ビラ「弘大全共闘の本部封鎖を断固糾弾！」なども同様の経緯を報じている。[*25]

つまり、自治会・寮連代表と学生部長・学生課長が交渉しているところを全共闘が計画的に襲撃したのである。全共闘は指揮系統が明確でなかったがゆえに、封鎖占拠に批判的なリーダー安彦やデモ指揮の植垣らを差し置いてデモ隊が本部を封鎖したので、「暴発」的に見えたが、本部封鎖それ自体は計画されていたのである。

弘大全共闘は直前の九月四日に東京・葛飾公会堂での赤軍派結成大会に参加し（塩見孝也『赤軍派始末記』彩流社、二〇〇三年、九一頁）、翌五日に日比谷野外音楽堂での全国全共闘連合結成集会に動員されている。そうした〈高揚〉は本部封鎖につながっただろうか。安彦は述べる。弘大全共闘は「『全国全共闘』をいささかも頼ってはいなかった。もちろん『民主的手続き』もなく、それどころか事前の煮詰まった交渉過程すらなく、『勝手に』封鎖というような乱暴な手段に出たのだった」（『革命』三五〇頁）。しかし、前述の安彦「証言」の危うさからすれば、この発言も素直には聞けない。本部封鎖の評価に関しては、植垣の証言の方が重要だろう。封鎖占拠により全共闘は「弘大闘争の主導権」を掌握したが、それ以後方針を出せず、「一般学生の支持を急速に失っていった」（『兵士』七四頁）。封鎖占拠によって闘争の「質的転化」がはかられたとか、「目的意識体の形成」がなされたとか抽象的な主張にとどまらざるをえなかった（九月九日付C闘ビラ「弘大闘争の更なる深化を！」）。

植垣や安彦らの証言が後付だったとすれば、リアルタイムの九月九日の全共闘記者会見が重要となる（『東奥日報』九月一〇日付）。会見は①大衆団交が行なわれても、六項目要求が受け入れられても、「闘争課題は次々と出てくる」、封鎖解除の時期は不確定であり、情況次第である、②

封鎖は「偶発的」「ハプニング」に見えるが、「以前から実力行使に近く踏み切ることを確認」していた、③封鎖占拠は問題提起の仕方としては「まずい」という批判があるが、「全体の闘争を引き出す」上で大きな意味があった、などと述べている。

かくして、全共闘は安彦ら自主解除派と植垣ら封鎖貫徹派に分裂し、本部内の封鎖学生の半数近くが離脱した（『兵士』七五頁）。一方、民青は九月八日付ビラ「異常事態に対する民青同盟の主張」を発表し、行動隊・防衛隊の組織化を訴えた。自主封鎖解除をめざす自治会では、L自の「行動隊」（九月一三日付ビラ「人文行動隊結成さる」）、P自の「行動委員会」（同日付P自ビラ「行動委員会結成を訴える」）が結成されている。一三日には「全共闘封鎖・機動隊導入反対全学集会」が開かれ、全共闘批判が強まった。

民青は「話し合いでの解決は幻想」「実力を使っても解除」という実力主義の立場を鮮明にし（日付不明ビラ「学生・教官・職員の力で早期自主解決を」）、民主化路線をつぎのように明示した（九月一二・一八日付ビラ「弘大民主化のために」）。

1、全学協議会の設置　2、教授会・評議会等の公開制　3、学長・学部長・学生部長に対する拒否権　4、学則及び各学部共通細則の不当な条項撤廃　5、学内予算・決算の公開　6、カリキュラム編成に対する学生参加

その間の九月九・一〇日は各学部で集会が開かれ、封鎖反対・機動隊導入反対が全学的意志であった（九月一一日付P・L自ビラ「自主解除の方針相次ぐ！」、同日付C自ビラ「決起せよ！」）。なかでも農学部で教職員・学生によって「封鎖対策農学部協議会」（封対協）が結成されたことは注目される。日付不明『封鎖対策農学部協議会活動報告』（以下『報告』と略）によれば、九月一二日には全共闘四名、教員二名、一般学生二名、司会二名（全共闘と教員の各一名）のパネルディスカッションが開かれている。これは後述する一週間後の全学集会につながる試みで、約一七〇名が参加した。しかし、全共闘一名が途中退席し、翌日には集会出席を自己批判している。農学部全共闘はあらたに「農学部闘争委員会」を結成し、教授会との「公開予備折衝」を予定したが、「その性格をめぐって意見がまとまらず、農闘委（準）としては、昨日その代表のN君が承認して帰ったにもかゝわらず、大衆団交でなければならないと主張し、話し合いとしても進展しなかった」という。全共闘の組織性の欠如がわかる。

この時期に地元紙が座談会「弘大紛争を語る」を掲載している（『陸奥新報』九月一五・一六日付、座談会は一三日実施）。座談会に出席した安彦は九月五日に要求した六項目の「こう着状態」「限界」を感じ、「突破口」として六日に本部封鎖に踏切ったと述べている。しかし、さすがに昨日の今日で「こう着状態」「限界」は無茶であった。安彦は本部封鎖を「突発的」「突然」の行動と説明し、六項目要求の伏線は春以降の闘争の中で提示されていた一方、「闘争における本部封鎖の必然性が希薄であった」と反省している。[*26] 九月六日の状況説明の食い違いにも見られるように、全共闘内部で本部封鎖をめぐる意見は一致していなかった。座談会には自治会と一般学生も各一名出席している。体育会系の学生は、本部封鎖は異常だったが、次第に理解できるようになり、自治会は「体制をうわべだけ直そうとしている。全共闘は体制そのものに体当たりしている」と発言している。彼は「自治会と全共闘はあまりに互いを敵対視し過ぎている」とも述べている。[*27] 対立構図や原則的な立場[*28]の融和を期待・模索する声であった。

第六節　封鎖解除と機動隊導入

本部封鎖から一週間後の九月一三日に「全共闘の封鎖糾弾・機動隊導入反対全学集会」が開かれているが、さらに一週間後の一九日に開催された学内諸団体共催「全学討論会」が重要である。「封鎖問題をめぐって―理解を深め、解決の方向を求めて―」をテーマに、討論者は全共闘・自治会から各五人、司会も双方から各一名、学生・教職員八〇〇名が参加した。これは九月一二日のパネルディスカッションと同様、三者による公平な構成による全国的にもまれな討論集会だっただろう。

討論会の概要は一七日に全共闘窓口の安彦に伝えられたが、彼が全共闘の意志統一に手間取ったため、最終的な参加確認は集会前日の一八日に持ち越され、さらに当日になっても全共闘は集会の進め方に不満を示した。一連の動きから全共闘の意志形成の遅れ・不統一がうかがわれる(『報告』一二―一三頁)。

パネルディスカッションは途中から大衆討論となり、『鵬の歌』によれば全共闘の多くが説得に応じ、「自主解除はもはや時間の問題」であった(二二二頁)。

ところが、一九日夜、評議会は封鎖学生に明朝四時までの即時退去を求め、応じない場合は「重大な決意」をせざるをえないと通告した(『弘前大学五十年史』資料編・第1編資料13「全学に告ぐ」)。封鎖学生も含めて全学の総意が「自主解除」に向う中、当局からの即時退去命令で機動隊導入が準備される。すでに封鎖翌日の七日夜学長と県警本部長・弘前署長は機動隊導入をめぐって協議していた(『読売新聞』九月九日付)。八日午後の記者会見で学長は弘大が「紛争校」であると認め(『東奥日報』九月九日付)、同夜の評議会は機動隊導入やむなしの意見が大勢を占めた(『読売新聞』九月一〇日付)。

学長通告に対して、九月二〇・二一日に全学抗議集会が開かれ(九月二〇日付ビラ「機動隊導入反対、学長・評議会のファッショ的暴挙糾弾！」、九月二一日付P自ビラ「我々はもう許さない！」）、職組も抗議声明を出して、自主解決のために日夜奔走している多数の教職員・学生に対する「重大な背信と挑戦」と批判した（九月二〇日付職組執委ビラ「抗議声明」）。封対協も機動隊導入を回避すべく、学長および全共闘に向い団体交渉の開催を呼びかけた。学長は受諾したが、全共闘は「言葉の階級性」を理由に団体交渉ではなく「大衆団交」を要求し、呼びかけを拒否した（『報告』一四―一五頁）。二四日、万策尽きた封対協は機動隊導入やむなしだが、「全学の同意」を得るため、全学集会開催・全学意向投票の実施を学長に提案している（『報告』一六頁）。

結果的に九月二七日早朝、機動隊が導入された。この間封鎖学生にも動揺が走る。全共闘は全学無期限スト総決起集会を呼びかけたが、学生は集まらなかった。封鎖占拠の無効性が漂い始めていた。ある封鎖学生はバリケードを懸命に補強している仲間の姿を見て、これで機動隊の攻撃に何ほどの防御効果があるのだろうかと感じたという。そして「この感覚こそが、やがて我々が、実際の武装を目指す赤軍派などへのシンパシーを持つことに繋がっていったのではないかと思」ったという（『それぞれ』四三七頁）。そんな中、福島医科大の梅内恒夫が赤軍派のオルグにやってくる。植垣によれば、「弘大の赤軍派は一挙に拡大し、赤軍派の拠点の一つとなった」

（『兵士』七七頁）。封鎖学生は本部占拠続行から中央闘争にシフトしていく。方針転換によって本部封鎖占拠の必要性は急減していった。

驚異的なのは封対協をはじめとする教職員・自治会の説得活動である。二六日には多くの封鎖学生が自主解除を受入れ、本部封鎖から離脱していた。残留組はわずか数名であった。教職員代表は事情を学長・学生部長に伝え、機動隊導入延期を申し入れた。しかし、「仙台からの機動隊を何時までも待機させるわけには行かない」との理由で、二七日早朝の機動隊導入となった（田辺良則「農学部の思い出」九一年七月一五日付『弘大農学部同窓会会報』一二号）。この経緯を詳述するのが、九月二八日付理学部学生自治会（S自）執行委員会のビラ「何故に待てなかったのか！」である。

27日午前2時に相当数の説得に成功し、最後の強硬派に対し精力的に説得を続けた。そして午前4時20分過ぎから執行委2人と理・農教官有志とで説得に入った。〔中略〕学生部長に「最後の説得を続けているから様子を見ていてくれ」と申し入れたのにも拘わらず、誠意の一片も見せず説得の最中、午前4時53分に突如機動隊を導入した。我々は止むなく説得を中止し理学部に戻った。我々は学内を蹂躙した機動隊に非常な憤りを感じると共に解決には機動隊導入以外にないという硬張した態度をとった大学当局を断固糾弾する！

学生たちにとって自主解除は「時間の問題」だったが、大学当局は二一日の評議会で機動隊導入やむなしと確認し、二六日午後には県警に機動隊による封鎖解除を要請済みであった（一〇月一六日付学生部長「機動隊導入にいたるまでの経過（メモ）」）。大学当局は待てなかったのではない。待ってはいなかったのである。

封鎖解除時に本部内は無人だった。全共闘は新たな問題提起どころか、解除直前に全員遁走していた。植垣は「決戦の回避」は「赤軍派の闘争のために弘大闘争を放棄したもので、根本的に誤っていた」、徹底抗戦していれば「諸党派の党派政治に振りまわされない大衆闘争として、弘大闘争の独自性を守り、それ以降の闘いへと継承させていくことができた」だろうに、「各クラス、各学部に基盤をおいていた全共闘運動は、第四インターや赤軍派やフロント（社会主義学生戦線）、ML派などの諸党派のもとに分解し、学生や教官から離れた党派を中心とする運動へと変質し、敗退してしま」ったと悔恨する（『兵士』七九—八〇頁）。

学内諸階層の機動隊導入反対論を踏みつぶし、自主解決という〈名誉〉を自ら放棄することで、大学執行部はこの後学生たちから厳しい批判と抗議を受けることになる。七〇〇人もの機動隊を異例の早さで学内に導入させた代償はあまりに大きかった。九月二九日に出された「学長談話—機動隊導入による封鎖解除に関して—」は、封鎖学生に自主退去をねばり強く交渉してきたこと、職員・学生による自主解除は「内部的衝突の可能性」が高かったこと、逆封鎖は不可能であったこと、機動隊導入の決断は学長専決ではなかったことなどを強調し、責任の所在と解決の方途を「新しい大学のあり方」「弘前大学のあるべき姿の建設」へ向けた。一見前向きのようだが、大学自治はこうして封じられたのである。この日、全共闘リーダーの安彦良和も逮捕された。

第七節　全学ストライキと民主主義的変革

機動隊が導入された九月二七日早朝に五〇〇名の学生が集まり、大学当局糾弾・機動隊常駐化阻止・全共闘糾弾のスローガンを掲げ、学内三原則（テロ・リンチ等の暴力行為はしない、凶器を運び込まない、再封鎖をさせない）を確認した（同日付S自ビラ「9・27全学集会報告」）。S自は学部討論集会を開き、①学長・学生部長・学部長の即刻退陣、②評議会解散、③機動隊導入に対する教授会の謝罪、④教授会への学生のオブザーバー参加、⑤ストライキに向けてのクラス討論、⑥学長出席の全学集会の開催、学長の態度表明などを決め（九月二七日付ビラ「我々は大学当局を告発する！」）、翌二八日の臨時学生大会は圧倒的多数でスト権を決めた（九月二九日付ビラ「我々はなぜストライキで闘うのか！」）。

C自は二九日に教授会交渉、三〇日に緊急集会を開いている。L自では一〇月二日の学生大会で試験ボイコットを決議した（一〇月三日付ビラ「学園民主化闘争を壮大におし進めよう！」）。P自は一〇月一三日に、①学長・学生部長・評議員は退陣せよ！②学長・学生部長・学部長の（学生の）拒否権を認めよ！③全学・学部協議会を設置せよ！④スト権・団交権を認めよ！⑤学則・共通細則を撤廃せよ！⑥大学法無効宣言、拒否・非協力声明をあげよ！⑦大学当局・教授会は団体交渉に応ぜよ！の七項目を要求している（ビラ「我々は要求する！」）。

九月二九日には全共闘も全学総決起集会を呼びかけた。全共闘の基本路線は「無期限ストライキ体制」「自主管理体制」であった（一〇月一四日付『反戦』八号「無期限ストライキ体制を構築し、10・21を起点とする11月闘争70年安保闘争を準備せよ！」）。

一〇月二一日の国際反戦デーには全共闘・弘前べ平連共催の「10・21国際反戦弘前集会」が予定された（一〇月一八日付弘前べ平連事務局『べ平連短信』二号「10・21国際反戦弘前集会へ参加呼びかけのアピール」[*29]）。自治会も全学集会を開いたが、準備不足・宣伝不足により盛り上がらず、市内デモも二〇〇名にとどまった（一〇月二四日付C自ビラ「10・21国際反戦デー総括」）。背後に大学当局の事態収拾策が一定浸透していたこともある。S自は「理医を除く弘大の情勢は彼ら〔大学当局〕の欺瞞的策動に口実を与え、我々闘う学友・教官に対する弾圧を許すものとなっている」（一〇月二四日付ビラ「ストライキに関する基本方針」）と論じ、闘争の停滞を指摘した。

一方、全共闘への再傾斜がおこる。改革が尋常に進まないのなら、選択肢は全学無期限ストライキ以外にないのではないかという動きである（一〇月一八日付ビラ「訴える」、同二四日付ビラ「再び訴える！」）。理学部では理共闘が無期限ストを主張し（一〇月二四日付『叛逆』二号「理学部学友諸君、無期限ストに突入せよ！」）、一〇月二八日から八日間ストに入った。

医学部も二七日から無期限ストに入った。医学部始まって以来初のストである。医学部ストライキ実行委員会が出した同日付ビラ「全学友・教職員の皆さんへ」は、「全共闘が提起した根底的問いかけ」に教授会は曖昧な態度で対応したが、全共闘を批判してきた「我々の主体性」も問われたのだと総括したうえ、権力に対して「もの言わぬ従順な医者」「人形的医者」であることを拒否し、「自己権力の獲得（確立）をめざす闘争」を永続的に行うことを宣言した。医学部学生自治会（M自）の要求項目はつぎの四点である。

①機動隊導入の責任を取り、学長は退官、全学部長・全評議員・学生部長は退任せよ！②教授会公開・学生の発言権あるオブザーバー参加を認めよ！③学生の処分に対する拒否権を認めよ！④教授会を解散し、三者〔教員・職員・学生〕協議会を設立せよ！

このうち、教授会は②を認めたが、評議会は圧力をかけて覆させた（一一月一七日付医学部叛詩共闘ビラ「全学無期限ストライキ提起！」、『弘前大学五十年史』通史編三〇五頁）。これに対して、六学生自治会は一一月一七日に全学抗議集会を開き（一一月一七日付ビラ「11・17全学抗議集会」）、M自は四項目要求をつぎの七項目要求に拡大した（一一月一九日付2Mスト実『すとらいき』第一号）。

①学長・学生部長・全評議員は機動隊導入の責任をとって辞任せよ。②評議会は「大学法」に対する非協力宣言をあげよ。③共通細則の不当条項を撤廃せよ。④大学問題研究委、大学改革委（仮称）への学生参加を認めよ。⑤評議会は正当な権利としてスト権・団交権を認めよ。⑥学長・学生部長選挙への学生参加を認めよ。⑦評議会の議事録を公開せよ。

それより先、一一月五日には学長以下、大学執行部が出席して全学集会が開催されたが、大学執行部は大衆団交であることを拒否した。同日C自は代議員総会で無期限ストを決定し、つぎの六項目要求を揚げて七日から突入した（『東奥日報』一一月八日付）。

一、学長・学生部長・各学部長・評議員は、機動隊導入を自己批判して即時辞任せよ　二、教授会を民主化せよ（「教授会自治論」の放棄、学生オブザーバー参加、議事録公開）　三、全学協議会、学部協議機関を設置せよ　四、「大学法」を認めず、一切協力するな　五、学生の諸権利を認めよ（共通細則の不当条項撤廃、学生の拒否権、リコール権、大学問題研委への学生参加、団交権、スト権、教授会の処分権撤廃、教授会決定への拒否権）六、以上の要求項目について団交に応ぜよ

P自・M自・C自の要求項目のうち、最重要だったのは全学・学部協議会の設置である。これは当時盛んに提唱された、教員・職員・学生による「全構成員自治」論（その逆が「学生独裁」・「学生権力」論）であった。しかし、必ずしも多くの学生の支持を得たものではなかった。

一一月八日にC自執行委員選挙が行われるが、全共闘系が勝利する。彼らに統一スローガンはなかった。「私たち6人は一応統一候補という形をとった訳ですが、6人それぞれが1本に定式化された視点をもっているわけでは決してなく、各自色々な意見をもっているわけなんです。でもその中で旧来の自治会の形骸化をなんとか乗りこえて本当の自治形成を目指していくことでお互いにがんばっていくという意気込みの点で理解し合う仲間としてこの6人の統一候補を結成したわけです」（一〇月三一日付ビラ「教養自治会執行委員統一立候補」）。具体的な政策をあげず、自治会の「形骸化」を嘆き、「反民青的な視点」で「クラス連合」に依拠する直接民主主義を主張して勝利した。

人文学部では人文闘連が提起した執行部リコール要求が成立した（一〇月二三日付人文学部学

生有志ビラ「人文自治会執行委員会のリコール、圧倒的多数で成立！」、日付不明同ビラ「反動執行部を告発する！」）。一一月の執行委員選挙では、民青系候補が大学問題はもとより、安保・沖縄問題、ベトナム反戦を取り上げたのに対して、全共闘系は「〝統一候補〟—冷徹に響くこの語句の否定から僕等の立候補アピールを始めなければならない」と述べ、ひたすら連帯の虚無性や大学の幻想性を強調した（一一月一四日付ビラ「人文自治会執行部立候補者所信表明」）。結果は民青系の勝利だった。農学部学生自治会（A自）選挙にも民主化を「現存大学機構の補完物」と批判し、「反体制実力闘争」を主張するグループが立候補したが（一一月四日付ビラ「無期限バリケードストライキを構築せよ！」）、民青系が勝利している。

教養部以外の自治会選挙で敗北が続く中、全共闘に二つの傾向が生れた。一つは一般学生の批判的取り込みであり、もう一つは実力闘争主義である。一一月三日付の弘大反戦学生評議会『闘争へのアッピール』一〇号は「一般学生諸君！　当局→民青の次に犯罪的なのは君達だ！」と論じて批判したが、その一方で期待もした。「我々が帝国主義的国家体制を否定するが故に、君達が現体制を肥やし続ける存在としてある限り、我々と現在的に敵対している」が、「それでも我々は幻想を持つ。君達が消極的にではあれ、『体制が変わらない限り大学は良くならない』と言い続けている間は」。反戦学生評議会は、「全共闘は単なる民青でしかなく、本部封鎖闘争を問題提起に終わらせ、学生であるという特権でしか行動できなかった」と自己批判的発言もした（『陸奥新報』一〇月一一日付）。

こうした警醒が実力行動をエスカレートさせた。「ニャロメ・ケムンパス（赤塚不二夫のマンガに出てくるキャラクター）拡大闘争会議」は一一月一七日付『断絶&亀裂』で「直接行動の季節！」を叫び、新しい行動形態として教員に団交出席を強要する「追いかけデモ」を提唱している。一一月一七日付全共闘ビラ「緊急アピール 11・5の受動的質を攻撃的質へと転換せよ！」では、弘大闘争は「地域の後進性からくる必然的帰結として、依然と『政治バクロ』闘争の域を脱しきれずにいた」が、今後は「学内管理機構粉砕闘争」として貫徹すべきだと論じた。同日の佐藤訪米抗議デモで全共闘系学生三名が逮捕されるが、一一月一八日付ビラ「不当逮捕→学内国家権力打倒へ進撃せよ！」では、「我々の闘争も、もはや政治暴ろの時代より、権力粉砕・奪取の時代へ突入しようとしている」と論じ、「武装軍団」創出と「武装闘争」開始を提起した。さらに無期限ストライキさえも「ナンセンス」と否定する武装化宣言も出された（一一月一八日付理共闘『叛逆』六号「弾圧の大衆化を武装の質を持って反撃し、国家権力=学内権力打倒の闘争へ、怒とうの進撃を開始せよ！」）。「地域の後進性」はこのように解釈され、武力主義をもって乗り越えられようとしたのである。

実力行動主義の実体化として「全共闘武装行動委員会」（ＲＡＣ）が結成される。一一月二二日付ＲＡＣのビラ「11・22全学集会を突破口としバリケード闘争へ進撃せよ！」は、学内状況の停滞原因を「自治会運営のギマン性、全共闘の方針未提起、学友の右翼的対応、〝良心的教官〟の犯罪的近代化路線、学内権力者・反動の居直り」ととらえ、「武装の質を有しつつ、弘大闘争を暴力的に貫徹せよ！」と主張するに至っている。一一月二五日に創刊された機関紙『武装』は、「極東アジア革命へ進撃するバリケードを築き固めよ！」「大学に学生権力を樹立せよ！」と叫び、つぎのスローガンをあげた。「資本家大学解体！　学生権力樹立！　日帝打倒！　沖縄闘争勝利！　朝鮮革命勝利！　極東社会主義合衆国樹立！　アジア革命勝利！　佐藤資本家政府打倒！　バリスト貫徹！　三沢基地撤去！」これらから推すと、ＲＡＣは第四インターの影響下にあったと思われる。

この動きに対して、Ｐ自は「『武装軍団』を創出して闘いを勝利した大学があったのか」と厳しく批判している（一一月二九日付ビラ「それで喜ぶのは？　武装軍団創出とバリ封を許すな！」）。なお、七〇年代に入ると、「反帝武装行動委員会」を名乗る組織も生れる。武装主義への傾斜が続いていたことがうかがわれる。[*30]

年末に至り、農学部では無期限スト権が確立し（一二月九日付農学部選管ビラ「7項目要求における大学当局に向けての無期限ストライキ権確立投票結果発表」)、医学部では赤軍派が大量検挙された大菩薩峠事件(一一月五日)で弘前での爆弾製造という自供があったため、自治会室が捜査されている(一二月一七日付S自執ビラ「医学部自治会室捜査される!」)。

こうした情況下、明確なセクトに所属していなかったと思われる〈一般学生〉の想いはいかなるものであっただろうか? 『変革への砦』と題した一一月八日付号外は、つぎのような永続的意志を表明している。「闘いは、今、始まったばかりです。大学当局の現在の姿勢を打ちやぶり六項目を勝ちとり、さらに大学の解放を勝ちとるまでは、何週間、何月間、何年間かかるか、私には展望はありません。しかし闘わなければ、私達は真新しい、もうひとりの自分を見つけることができないのではないか」。

一方、諦観も見られた。一二月四日付グループ「やぶにらみ」発行のビラはこう呟く。「決して忘れはててしまえるものではないゆえに、今さらに口にするまでもないあの頃は、あなたも私も思いはすべてひとつだったが……」。あの頃は「すべてひとつ」だったが、六九年暮、「あなたも私も」、すなわち〈我々〉は立ち尽くしている。こうした〈感性〉の持ち主にとって、大学闘争はこの年をもって終息していったのではなかろうか。

第八節　終わらぬ大学闘争

全共闘系のC自執行部の団交要求を教授会は拒否した。一二月一六日に糾弾集会を開き、全共闘は会議室を占拠する。しかし、占拠は自主解除され、同一八日の自治会代議員会で全共闘執行部の不信任案が可決する。一ヵ月余りの任期だった。同二〇日の執行委員選挙で民青系が返り咲くが、スト解除・授業再開には至らなかった（スト解除は二月九日）。

明けて一九七〇年一月中旬以降、スト解除・授業再開に向けて一九日に代議員総会が開かれる。弘大闘争の意義を全国に向けてアピール（一月一七日付全国全共闘機関紙『全国全共闘』三号「革命の七〇年代、極東革命に勝利せよ！」）していた全共闘は、代議員総会当日に会場を暴力的に封鎖占拠し、全学総決起集会を開いた。自治会は代議員会総会の再度の開催に努力したが（一月二一日付C自ビラ「『授業再開』は何を意味するのか―学内反動・『全共闘』一派・機動隊の三位一体の策動を見抜こう！―」）、全共闘に阻まれ、機動隊の再導入（一月二二・二三日）となった。

この後、「弘前べ平連」とは別に、「弘大べ平連」が結成されたり（『週刊べ平連弘大版』が五月二三日付で創刊)、新左翼諸派のリーダーが中央から続々やってきて講演会や集会が開かれる。年度が替った頃、「全共闘はセクトの集合体に変った」という言説が出てくる(五月一六日付フロント・反帝学戦理系ビラ「安彦・佐賀処分白紙撤回!」)。あるいは日付不明ビラ「更なる空間を目指して」の発行元が「全学共闘会議NONSECT連合」なのは、全共闘とノンセクトの分離、全共闘のセクト化を意味しているのだろう。全共闘は新たな、そして最終的な段階に入ったと思われる。「過去数年間の全共闘運動は、その発展過程に於いて、あまりにも多くの問題を提起してきただろう。それは全て、人間とは何か、と問い返したものであった」と見える。全共闘運動の理念は「人間とは何か」という限りなく抽象的で最終的な次元に沈潜していった。こうして弘大全共闘も全国全共闘の流れに合一化し、結果的に「同質の地平」に至ることで、全国全共闘の解体に捲き込まれていった。「全国の全共闘運動の中で、最も遅れてやっていて、最後尾で最も粘り強く、そして独特の取り組みで闘われた、最後の全共闘運動だったのだ」(『それぞれ』二九五頁)という回想が、そのことを物語っている。

七〇年度に入ると、六九年闘争の中で公然と暴力的言動を発していた教員による自治会役員への思想差別事件がおこる。[*31] これは弘大の主体性が問われる事件だった。成績評価を通じた教員の学生に対する思想差別という内在的問題だったからである。最終決着まで数年を要した。七二年に弘大に入学した筆者はこの闘争に参加したが、以後も学寮問題、学費問題、沖縄返還闘争、[*32]ベトナム反戦運動、筑波大学法案反対闘争など、大学闘争は七〇年代を通貫した。安田講堂事件や連合赤軍事件で大学闘争が衰退・消滅していったわけではない。党派や立場を超えた新しい検討も必要であろう。[*33]

終章　東北史の〈始点〉

第一節　忘却の過去と未来

東北論の定番は一九〇六年の『将来之東北』である。著者の半谷清寿は「東北自慢」を自認し、序章でふれたように、「日本国中にて古来大震災のなかりし所とては東北を措いて他に之れなかるべし」と論じた。東北は古来震災を知らず、近代に入って福島県の磐梯山や吾妻山の噴火など「山嶽」災害はあったが、「平地」は地震も少なく、東北の天災と言われた「饑饉」も、「文明の力」によって克服可能となったとも語った。しかし、刊行一〇年前の一八九六年に起きた東北の太平洋側を襲った三陸地震と日本海側を襲った陸羽地震について、半谷はまったく触れていない。[*1] 過去は急速に遠のき、忘れ去られていた。

『将来之東北』から半世紀後の一九五三年、一〇月四日付『朝日新聞』に富澤有為男《ういお》「凶作」

が載る。富澤は三六年に「地中海」で芥川賞を受賞した作家で、東京で罹災後、福島県双葉郡広野町に疎開していた。広野町は東電の福島第二原子力発電所が立地する楢葉町（一部富岡町にも）の南隣である。富澤はこう述べる。「東北の農村に住みついてから、九年目にして初めて冷害に出あうことになった。しょせんは逃れ得ぬ運命だし、いつかはやって来るものと皆覚悟していながら、まだまだ大丈夫だろうと多収穫を目ざして奥手を植えた所に、村の農家の決定的な失策があった」。五三年は全国的に凶作だったが、東北凶作の原因は、富澤が述べる通り、「収穫量を多くあげるために晩生種を植えたこと」にあり、福島県の被害が最も大きかった。[*2] 富澤は凶作を東北の「逃れ得ぬ運命」と受け止めつつ、食糧増産のかけ声に応じて、多収穫を狙った「失策」がもたらした結果と指摘する。根拠のない楽観論と不用意な判断のもと、未来もまた忘れ去られていたのである。

第二節　よみがえる「白河以北一山百文」

先ごろ、今村雅弘復興大臣が辞任をしました。私は、今村大臣からあっちの方と呼ばれた東北の人間です。明治維新以降、東北は、白河以北一山百文と軽視され続けてきました。今村氏の発言は、東北を軽視した発言そのものであり、被災者の心を折る極めて残念な発言だったと思います。

これは二〇一七年六月一五日の衆議院・安倍晋三内閣不信任決議案の提案趣旨説明における宮城県選出議員安住淳（当時は民進党所属）の発言である（以下、国会発言は、国会会議録検索システムより）。「白河以北一山百文」という表現については第一章でふれたが、戦後の国会議事録をめくると、一九四九年一二月の第六回衆議院本会議での図司安正（山形県選出、民主党所属、第二章参照）の「従来東北地方は、中央政府及び中央の資本家から、白河以北一山百文の待遇を受けて参りました」という発言以降、上記二〇一七年の第一九三回衆議院・本会議での発言まで一七件を数える。一九四九年が一件、一九七三年が一件、一九八八年が二件、一九九〇—一九九八年が二件、二〇〇〇—一〇年が三件、二〇一一—一七年が八件である。「白河以北」ならば三一件を数え、一九四九—五六年が三件、一九七〇—七三年が二件、一九八四—八九年が五件、一九九〇—九八年が四件、二〇〇〇—一〇年が六件、二〇一一—一七年が一一件という分布である。あるいは東北に関する「一山百文」ならば一八件を数え、一九五〇年が一件、一九七〇—七三年が二件、一九八八年が二件、一九九〇—九八年が二件、二〇〇〇—一〇年が二件、二〇一一—一七年が八件という分布である。

このように国会における発言にはムラがあるが、意外なことに一九五〇年代後半から一九六〇年代にかけたいわゆる高度経済成長期には見られず、低経済成長期あるいは安定経済成長期、さらにはバブル経済期に多く用いられ、二〇〇〇年以降急増し、東日本大震災の復興過程においてキーワード化している。

たとえば、つぎのようである。「白河以北一山百文の扱いの中でもしっかりと明治維新を生き抜いてきたその根性で我々も頑張っていきたい」（二〇一一年九月参・災害対策特別委員会）、「東北は、関東と東北の境に白河という、一昔前に関所がございました。白河以北一山百文と言われておったわけであります。〔中略〕関東から東北を見た場合に、その関所から北の方は一山百文の値打ちしかない、あるいはそれぐらいの人しか住んでいないところなんだという言い表し方をされてきて今日まで来ました」（二〇一一年一二月参・国土交通委員会）、「明治戊辰以来、白河以北百文の扱いの東北を、今ここで、この原発災害によってまた起こしてはならないという意味では、これからもぜひ御指導賜りながら、しっかりと取り組んでいきますので、今後ともどうぞよろしくお願いいたします」（二〇一三年五月衆・東日本大震災復興特別委員会）。

発言者は東北選出の特定の代議士であるが、震災復興論のなかで、「白河以北一山百文」という認識が再浮上していることがわかる。また、「復旧工事やるといったら、いや宮城の方が高いからといってほかの県の人たちは宮城に行っちゃうんですよ」（二〇一二年七月参・災害対策特別委員会）といった東北内部の格差も言及されている。東日本大震災はこのクニの歪んだ経済構造をあらためて開示した。

第三節　東北は〈東北〉か？

東北とはどこをさすのだろう。いまさら何を言うかと叱られそうだが、これも実は意外と難しい。一般的理解はこうだろう。当初、「東北」は東海・東山・北陸三道を指し、広く東日本一帯を意味したが、明治一〇年代になって近世以来の「奥羽」である陸奥・陸中・陸前・羽後・羽前・磐城・岩代の各地域（現在の青森・岩手・宮城・秋田・山形・福島各県）で「東北」の呼称が積極的に使われはじめ、「東北」と「奥羽」は同意語となり、「東北」は東日本一帯を指す概念から、「奥羽」のみを指す概念へ縮小した。明治二〇年代はいまだ現東北六県に対する一般的呼称は「奥羽」だったが、明治三〇年代に入ると「東北」と呼ばれるようになり、二〇世紀初頭あいつぐ大冷害・大凶作に直面することで、「東北」は国土の北東隅に位置する寒冷な後進地というイメージとなる。

ただし、興味深いことに地理学ではほぼ「奥羽」が踏襲され、「東北」は別名扱いである。「東北地方」を前面に出している例として、一九一七年の石橋五郎『日本経済地理』と一九三二年の佐藤弘『日本地理講話』がある。そのうち石橋は青森・岩手・宮城・福島四県を「東北地方」、秋田・山形両県および新潟県を「羽越地方」に分け、前者は「我が国にて経済生活の最も困難なる地方」で「土地磽确《こうかく》〔瘦せ地〕、気候不良にして、海岸及び陸地交通不便のため、開発未だ十分ならず、改善の余地多く、寧《むし》ろ将来に望を属せられつゝあり」と後進性を指摘する一方、後者は「裏日本の偏陬《へんすう》に在り、気候良好ならず、交通亦《また》不十分に、従つて産業未だ不振の状態にあれども、米と鉱物とは豊富にして、人口多く、天産物の宝庫として我が国に重きをなす」とその潜在力の高さを評価している。

東北の太平洋側と日本海側を区分する認識は歴史家の原勝郎にも見られた。原は一九一五年夏に平泉で開かれた市民向けの講演会で基調報告「日本史上の奥州」を発表し、太平洋側の「奥州」の後進性と日本海側の「出羽」の先進性を論じている。[*3]

名称の問題もさることながら、東北内部の分離性や対立性は重要である。かつても論じたが、[*4]あらためていくつかの史料を見ていこう。山形県鶴岡出身の高山樗牛《ちょぎゅう》に「東北物語」という一九〇一年の作品がある。[*5]

◎東北と一口に言ふけれども、其の習慣、気風、言語は素より、其の根本たる人種までも非常に懸隔せる幾多の異分子の是の一語の中に含まれて居ることを忘れてはならぬ。〔中略〕東北は一個の地理的名辞の外に多くの特別の意味を有つて居ない。事業や党派の上で東北人がお互ひ一致せねばならぬ様に思ふのは大きな間違である。

東北の多様性は、石川啄木も「一口に東北人と言ふと雖ども、盛岡人と仙台人との性情の差異は、必ずしも盛岡人と鹿児島人との差異より近しとは言ふべからず」[*6]と指摘している。また樗牛は福島県についてこうも述べる。

◎先づ其の気風の上から言ふならば、会津と福島とでは同じ岩代の国でも長崎と蝦夷ほどの相違があるのではないが《ママ》。〔中略〕◎会津の人は朴訥《ぼくとつ》にして堅実の気風を有つて居る。が、福島地方の人には全く商売人の風がある。是れは伊達、信夫《しのぶ》地方が昔より養蚕の土地であつた為と、一地方の気風を作るべき大藩の無かつた為であらうか。二本松人は会津と福島とを折衷した様な人である。

福島県の多元性は浅野源吾『東北及東北人』（一九一五年）も言及している。岩手県出身の浅野は東北の「地方思想」が分裂していることを指摘し、東北は一体でないどころか、各県内部も分裂・対立していると論じ、とくに福島県は福島市地方＝中通り、会津若松市地方＝会津地方、海岸地方＝浜通りが互いに古代ギリシャの都市国家の如く対立しあい、「寸時も三思想の融和渾《こん》一《いっ》することなし」と断言している。[*7]

第四節　福島県の歴史的層位

東北のなかでも特に苛酷な〈東北史〉を歩むことになる、福島県にフォーカスをあててみよう。福島県は近代初頭から一貫して首都圏から東北へのゲートウェイと位置づけられてきた。しかし、総力戦体制下の「東北地方生活圏」構想では、南東北の中心都市は仙台とされ（北東北は青森）、福島県の諸都市は「仙台圏」に包摂された。[*8]福島県は東北の南端に偏在していたので、郡山や福島など福島県下の諸都市が南東北の中心都市になることはなかった。

しかし、福島県の〈地政学〉的意味は重要である。戦後の一九五〇年に創刊された『福島評論』には、田子健吉の興味深い論説三点が掲載されている。

①「人類学から見たわが郷土（1）アジア南北両種族の合流接触地帯」（九号・一九五二年四月一五日）は、福島県は人類学的に「南方種族と北方種族の接合地点」に位置し、「南北融合の文化」を形成してきたと述べ、②「先史時代のわが郷土（2）」（一〇号・一九五二年五月一五

日）は、戦後日本の民主化のために「日本民族の精神革命」が必要であり、それは「天孫降臨説すなわち選民思想」からの解放であるとする。また福島県の先史時代の遺物の状況は、福島県が北方民族と南方民族の「接合地点」であることを示すと再論している。③「有史以前のわが郷土（3）」（一一号・一九五二年六月二五日）でも、選民思想は「危険な侵略主義の根本思想」であり、先史時代の民族的接合と文化的融合に注目すべきだと述べている。背景として福島県沖における南からの黒潮と北からの親潮の「接合」を指摘している。

田子は福島県が文化の「特殊地帯」「混合地帯」としてスタートしたことを強調し、福島という地域を日本列島内に包み込むのではなく、広く列島外の世界との関係のなかに位置づける視点を開示した。

田子健吉は福島民友新聞編集局長・福島県議を務め、一九二四年に『磐梯《ばんだい》と猪苗代湖』と『福島県河川の研究』を出している。[*9] 福島県の電力供給県としての機能についても、後者で「福島県は、全国でも有名な、水力電気県である」、「九州全部の総発電力を六十六万九千六百廿馬力であるから本県は九州全土の総発電力に匹敵する発電力を有して居る。水は白い石炭、青い石油だと云はれて居る」と論じ、電力県福島の発展を唱えた。電力県との関連では、一九二二年の『福島民友新聞』掲載の論説「福島県営中央送電線論」（前掲『福島県河川の研究』所収）で、首都圏の電力を供給してはいるが、主導権は握っていない、自主的な開発でもない、中央資本（三菱）のコントロールのもと、地域社会は電力供給県として囲い込まれていると告白している。

第五節　戦後的植民地化と核時代の中の東北

一九五〇年五月に国土総合開発法が成立するが、直前四月に福島県総合産業審議会は福島県産業綜合振興計画を立てた。計画は福島県を「全国随一の大水力電気資源の包蔵県」と規定し、「只見川水系の一環的開発は日本全体の経済再建上最も重要な国家的要請」との認識から、「東北地方工業化の先駆」をめざした。これは翌五一年一二月の只見特定地域総合開発計画、五三年八月の只見川電源開発計画へと連なる。福島県の開発構想は時代の産物だった。五一年一月には東北六県の大学長らにより東北開発研究会が創立される。第二章でも述べたが、創立趣意書は、敗戦後「極端に国土の縮少された日本はその国土を最もよく利用しなければならない」にもかかわらず、「北日本の豊かな資源は真の意味の活用がなされず多くは極めて不徹底の開発しか行われておりません。従って国の富も日本の中央以南に集中し東北地方の如きはほとんど閑却された観があります。このようなことは国民の良心からも東北人としての愛郷心からも到底許さるべきことではありません」と、「科学的裏付」のある国土総合開発を提唱した（『東北研究』一一巻五号、一九六一年、「第二の出発」）。

『東北研究』一巻二号（一九五一年）「東北地方の産業構成」は、東北産業が発展しているのは、全国水準以上の労働生産性からも明らかであり、「農業に於て青森、山形が殊に高く、工業に於ては宮城、秋田が相当高い。その何れも比較的低い福島県は炭鉱の労働生産性が高い等大部分の県の労働生産性が高い」状況は、停滞型の西南とは対照的だと指摘した。また同号「東北地方綜合開発の重点」も「国内最大の電源包蔵地帯であり且つ食料、原料の供給地であると共に工業的にもまだ未開発地帯である東北の総合開発が自立経済達成上、更に日本経済の将来の発展上極めて重要性を有つことが明らかである」と論じた。

興味深いことに、雪の研究で知られた中谷《なかや》宇吉郎は同誌二巻三号（一九五二年）の「対談　東北の開発計画はこれでよいか?」において、雪を資源としてとらえ、「日本で総合開発をやろうとしたら、東北が社会的条件及び自然条件共に一番有利なところである」と論じている。

福島振興はこうした東北全体の振興策と同調したが、ツケが農業に回った。一九五〇年代の福島県知事は自由党所属の大竹作摩《さくま》（耶麻郡北塩原村出身）である。前述したように五三年の東北は大凶作に見舞われた。とくに福島県の農業被害は甚大で、政治的要因＝人災の側面も言及された。日本共産党の機関紙『アカハタ』九月二七日付「さまよい歩く熊」は、第五次吉田茂内閣下の福島農政の停滞に関して、福島県庁職員の声を紹介している。「政治のやりかたが悪いため被害が大きくなるのです。〔中略〕いまの吉田政府のやりかたでは備荒施設どころか農地はへる一方です。アメリカと保安隊のために取りあげられる軍事基地、演習場、射撃場、軍用道路だけでも大したものです。そのうえ総合開発というヤツが加わります。米どころといわれる福島県でも年々耕地が福島県ではへり、収かくがへつています。そのうえ、こんどの冷害ですから大へんなことです」。保安隊時代の五三年秋に郡山駐屯地と福島駐屯地が開設され、翌五四年秋に原町(現・南相馬市)に駐留中の米空軍部隊内に航空自衛隊大滝根山分屯基地が置かれる。

五四年も凶作となるが、同年三月の米軍によるビキニ環礁での水爆実験(キャッスル作戦、うちブラボー実験の被害が第五福竜丸事件)の影響が語られている。『アカハタ』七月二九日付は「凶作の犯人はビキニ水爆」を掲載し、ついで八月六・七・九―一一日付は「水爆凶作」と題した現地レポートを連載し、「いま日本全国はビキニの水爆実験のためといわれる七十八年ぶりの凶作冷害型気候のため大凶作にみまわれようとしている」と報じた。『朝日新聞』も六月二一日付科学欄で荒川秀俊(福島県白河市出身、気象研究所員)が「水爆の実験と凶作」と題して、「第五福竜丸の被災事件は、はしなくも水爆の実験に伴う多くの派生現象に全人類の活眼を開かせたのであった。〔中略〕その結論とするところは、水爆の実験累積は、放射性物質を世界中にばらまき、わが国の稲作の凶冷をもたらしはしないかという問題の提起であった」と述べている。

その後一九五〇年末から一九七〇年代にかけて、核の脅威が足元におよぶ。戦時中、双葉郡の双葉町と大熊町にかけて陸軍の特攻練習基地磐城《いわき》飛行場があり、敗戦直前には米軍機の攻撃を受けた。その跡地が福島原子力発電所の建設予定地となる。その様子は一九六七年の『黎明　福島原子力発電所建設記録　調査篇』、七一年の『黎明 第二部 建設編』、七七年の『福島の原子力』(いずれも企画東京電力、製作日映科学映画製作所)で見ることができる。建設推進の中心に東京電力調査事務所土木課長の佐伯正治がいた。佐伯は六七年の『土木技術』二二巻九・一〇号に「福島原子力発電所土木工事の概要(1・2)」を連載している。同論文は原発建設の杜撰さを示すものとして、二〇一一年の東日本大震災以後、あらためて批判の対象になるが、問題は大熊町民向けの発言である。

皆さんは原爆がどのようなものかご存知か、私は原爆を投下したB二九とそのあと空に舞い上がったきのこ雲を見ている。多くの負傷者の看護にも当たった。その上私の兄も原爆で戦死した。皆さん以上にその恐ろしさは身に染みて知っている。従って皆さん以上に真剣に原子力発電について勉強しました。原子力発電は核反応を静かに優しく行うよう考えられておりその反応が万一予想以上に進むときは二重三重の防禦を行い、これでもかこれでもかと安全対策をしているので私は十分安全だと信じています。いささかの不安があればいくら会社の方針とはいえ肉親を失った私は会社に従わない。何も東京電力しか勤めるところがない訳ではないから私は東京電力を止めます。皆さん今まで申し上げた通り原子力発電は安全ですからご安心下さい。[*10]

佐伯は広島の被爆者だったと思われる。[*11]それだけに被爆者という立場から地元住民を説得している姿は、戦争における原爆被害者が未来の核加害者の側に立っているという意味で倒錯的である。同時に原子力や核災害に関する被爆者側に見られたある種の〈独占〉〈優越性〉――「皆さん以上にその恐ろしさは身に染みて知っている」「私は十分安全だと信じています」――にも注意したい。

双葉郡は「福島県のチベット」と呼ばれる後進地域だったが、不幸ではなかった。双葉地方原発反対同盟の岩本忠夫（のち双葉町長）は第一原発2号機運転開始直前の七四年五月、参議院大蔵委員会で参考人としてこう述べている。

私たちの双葉郡の状況を簡単に申し上げますと、六町二ヵ村の、言うならば、福島県ではきわめて後進的な地域だと古くからいわれておりました。

しかし、貧しくとも、農業や漁業を中心にしまして、平和でしあわせな、言うならば生活を今日まで続けてきたわけでありますが、今日、原発促進派といわれている一部の人たちは、双葉郡の後進性は、今日まで農業や漁業に依存をしていたから、だからチベット地帯といわれるようなそういう状況を生んでいるのだ、こういう指摘をされております。しかし私は、今日の農業や漁業を非常に、たとえば農政不在、さらにまた漁民の生活を非常に苦しめている、さらにまた一般住民の生活を極度に抑圧をしている。こういう状況をつくり出したのは、何といっても政府みずからの政策のまずさ、たとえば農業問題で申し上げますならば、生産調整や減反によって農民を重化学工業に吸収をして、そういう中から農業を破壊していった、こういう経過がそれを示しているのじゃないかというふうに実は考えるわけでありまず。

国家の意図的とでも言える失政・凶策・暴圧による後進性の形成こそ、東北近代史そのものであった。岩本はのちに原発容認派に転じるが、〈貧しくとも、平和でしあわせ〉な生活をいかに〈豊かにして、平和でしあわせ〉な生活に転換させられるか、苦慮したことは想像に難くない。[*12]

被爆者の〈独占〉〈優越性〉については、東琢磨『ヒロシマ独立論』以降、新たな議論が展開されているが、[*13]福島県の会津史学会会長宮崎十三八《とみはち》の『会津人の書く戊辰戦争』[*14]における会津戦争の位置づけに耳を傾けたい。
この日の地獄の展開は、一瞬にして十万余人の生命を奪った広島、長崎の原爆の惨劇に及ばなかっただろうか。犠牲者の数は少なかったにしても、恐怖感にぞっとなって立ちすくむ女児の後から阿修羅の刃が襲ってくるのだから、銃弾に当ってぶっ倒れ、何時間後かに出血多量でこと切れた遺体は、秋の彼岸すぎから翌春の雪どけまで、ドブの中に顔を突っこんだままになっていたのだから、広島、長崎のピカドン地獄と、そんなにちがわなかったと思う。

戊辰戦争における会津若松の悲劇は改めて描写するまでもない。宮崎は会津戦争と原爆投下は等価な「惨劇」「地獄」であったと述べる。[*15] それは肉体的な命を奪われた者として等価だったというだけでなく、不条理にして不本意、底知れぬ恐怖感の中、無慈悲な死を強いられたという点でも等価だったのではないかという歴史認識である。二〇一一年三月以降、福島県をはじめとする東日本の二万二〇〇〇名以上の死者・行方不明者・災害関連死者が、彼らに続いた。

第六節　本書の結論

本書は全八章にわたって、近現代の東北史を論じた。結論としてつぎの四点をあげることが出来よう。

第一に、東北は戊辰戦争・明治維新以降、〈後進地〉としての来歴と機能を刻印・強要された。

第二に、〈後進地〉規定に対する反撥・挑戦・拒絶は複雑な様相を持ちながら、消え去ることはなかった。

第三に、〈後進地〉からの脱却路として、地域の軍事化や海外侵略さえ志向された。

第四に、戦後のメディア、歴史研究、社会運動においても〈後進地〉の影が見え隠れした。

以上を一言でまとめるならば、このクニの近現代史において、東北は幕末維新期から二一世紀の今日まで、一貫して〈空間の序列化〉の最末端・最辺境に〈後進地〉として置かれ続け、さらに気づかぬまま・気づかれぬまま〈植民地〉[*16]として生き続けてきたということである。

しかし、東北は〈最終歴史過程〉を構築することで、このクニの未来に向かって扉を開いている地域である。それは、東北が単線的に〈最後尾・最底辺〉からいつの日か〈最先端・最頂点〉に踊り出ることを夢見ることではない。〈格差〉〈序列〉〈差別〉の連鎖構造で出口の見えないこのクニの総体を、大きく生まれ変わらせる地域として自覚し、新生することであろう。

この認識こそ、東北史の〈始点〉である。

註記

序章

＊1　下北半島の付け根に米軍三沢基地もあることから、「下北核半島」（鎌田慧・斉藤光政『ルポ　下北核半島 原発と基地と人々』岩波書店、二〇一一年）と呼ばれている。

＊2　北方史に関する最新の総括として、谷本晃久『近世蝦夷地在地社会の研究』山川出版社、二〇二〇年、とくに「序章　本書の目的と構成」「第2章　近年の〝アイヌ史〟研究管見」参照。

＊3　文学研究においても、日本文学から日本語文学へのシフトが見られる。郭南燕編『バイリンガルな日本語文学　多言語多文化のあいだ』三元社、二〇一三年、参照。

＊4　最近のインド史研究はそれを否定する。サンジャイ・スブラフマニヤム（Sanjay Subrahmanyam）は「近世」とは「様々な地域に住む人々が、相互に隔てられているにもかかわらず、実際に世界規模で生じる出来事の存在を初めて考えられるようになった」時代であるととらえ（「テージョ河からガンジス河まで─16世紀ユーラシアにおける千年王国信仰の交錯─」『思想』九三七号、二〇〇二年）、従来の比較史を超えた「接続された歴史」を提唱している（三田昌彦・太田信宏訳『接続された歴史─インドとヨーロッパ─』名古屋大学出版会、二〇〇九年、原題は *Explorations in Connected History : Mughals and Franks*）。グローバルな歴史イメージは近代以降が独占するものではなさそうである。「インド史」といった形容自体も無意味だろう。

＊5　浪川健治、デビッド・ハウエル（David Howell）、河西英通編『周辺史から全体史へ─地域と文化─』清文堂、二〇〇九年、河西英通・浪川健治編『グローバル化のなかの日本史像─「長期の一九世紀」を生きた地域

―』岩田書院、二〇一三年、も同様の視点から構成された国際論集である。
＊6　「地域」観の問題は、早くは一九八〇年にひろたまさき『文明開化と民衆意識』青木書店、で論じられたが、近年の近世史研究においても論及されている。引野亨輔「江戸時代の地誌編纂と地域意識」『歴史評論』七九〇号、二〇一六年、参照。
＊7　いずれも『青森県史』資料編・近現代一、二〇〇二年、所収。
＊8　拙著『東北―つくられた異境―』二〇〇一年、『続・東北―異境と原境のあいだ―』二〇〇七年、ともに中公新書、参照。
＊9　歴史教育の面でも、社会科教育の研究者が主導しながら、日本と中国の研究者の学際的協働によって、東北地方と「旧満洲」などをつなぐ、人々の「生きられた経験」に着目して、〈歴史実践〉の場を考える科研「地域をつなぐ自省的な『歴史認識』形成のための基礎的／実践的研究―東北地方を基軸に―」（二〇一三〜二〇二二年、代表今野日出晴）が進んでいる。
＊10　ノーマ・フィールド（Norma Field）『小林多喜二―21世紀にどう読むか―』岩波新書、二〇〇九年、の一節「いかに惨めなのかではなく、いかにして惨めか、という問いを忘れてしまうと、貧困の悲哀に浸り、悲哀そのものを消費してしまいかねない」（一二六頁）に倣った表現である。

第一章

＊1　田中秀和『幕末維新期における宗教と地域社会』清文堂出版、一九九七年、三二八頁。
＊2　工藤威『奥羽列藩同盟の基礎的研究』岩田書院、二〇〇二年、四七一―四七二頁。
＊3　栗原伸一郎「戊辰戦争期における諸藩対立構図の再検討―奥羽列藩同盟をめぐる政治状況を中心に―」、入

間田宣夫監修・安達宏昭ほか編『講座東北の歴史』第一巻、清文堂出版、二〇一二年、一一二頁。同『戊辰戦争と「奥羽越」列藩同盟』清文堂出版、二〇一七年、参照。

＊4　ウィリアム・スティール（William Steele）「アメリカから見た日本の南北戦争」、田中彰編『幕末維新の社会と思想』吉川弘文館、一九九九年。

＊5　最近の研究として、奈倉哲三ほか編『戊辰戦争の新視点・上　世界・政治』吉川弘文館、二〇一八年、所収の寺本敬子「フランス・ジャーナリズムと戊辰戦争」、麓慎一「ロシアから見た戊辰戦争」、福岡万里子「ドイツ公使から見た戊辰戦争―蝦夷地と内戦の行方をめぐるブラントの思惑―」、参照。

＊6　前掲田中『幕末維新期における宗教と地域社会』三二九頁。

＊7　『戊辰戦争―敗者の明治維新―』中公新書、一九七七年、二二〇頁。

＊8　戊辰戦争の戦死者・慰霊に関する近年の研究として、浪川健治・小島康敬編『近世日本の言説と「知」』清文堂出版、二〇一三年、所収の澁谷悠子「戊辰戦争における戦死者の遺体処理と慰霊・供養―弘前藩の事例を中心に―」、藤原義天恩「戊辰戦争と弘前招魂祭に関する一考察―弘前の平田門人を中心に―」および『講座東北の歴史』第六巻、清文堂出版、二〇一三年、所収の佐藤雅也「誰が戦死者を祀るのか　戊辰戦争・西南戦争・対外戦争（戦闘）の戦死者供養と祭祀」、参照。

＊9　友田昌宏「西南戦争における旧仙台藩士の動向」東北大学文学部『東北文化研究室紀要』通巻五十八集別冊、二〇一八年。

＊10　西南戦争をめぐるこうした薩摩への酷評は、長州にも見られた。山口県会議長吉富簡一は西郷隆盛を「無限赤馬鹿ノ親玉」と呼び、西南戦争を「馬鹿騒動」と称した。『山口県史』通史編近代、二〇一七年、六〇頁。

＊11　前掲佐藤「誰が戦死者を祀るのか」二九〇頁。旧仙台藩士の慰霊については、大谷正「仙台地域の西南戦争

関係資料と『仙台新聞』西南戦争関係記事」、同編『西南戦争に関する記録の実態調査とその分析・活用についての研究』平成21年度―平成23年度科学研究補助金基盤研究(B)研究成果報告書、参照。

＊12 中元崇智「板垣退助と戊辰戦争・自由民権運動」『歴史評論』八一二号、二〇一七年、六〇―六四頁。松沢裕作『戊辰戦争の歴史叙述」、前掲『戊辰戦争の新視点・上』所収、参照。最新の中元『板垣退助 自由民権指導者の実像』(中公新書、二〇二〇年)によれば、「会津開城の逸話」は一八八一年一〇月の東北遊説の際に「初めて公に語られた」という(八八頁)。なお、会津における板垣の西軍指導者と自由党指導者のねじれた受容の在り方については、松崎稔「〈反民権〉の思想史―福島・喜多方事件再考のために―」、友田昌宏編『東北の近代と自由民権 「白河以北」を越えて』日本経済評論社、二〇一七年、参照。

＊13 前掲中元「板垣退助と戊辰戦争・自由民権運動」六七―六八頁。

＊14 藤原相之助については、佐野健治「東北民俗学からアジア民俗学へ―藤原相之助論(1)―」『比較民俗研究』一七号、二〇〇〇年、参照。

＊15 原敬は利益誘導政治家と言われるが、東北主義者ではなかった。一九〇六年刊行の半谷清寿『将来之東北』につぎのような言葉を寄せている(「原敬君の東北談」)。「東北人としての私情から云へば、如何にも東北をどうかしてやりたい。しかし政府に居る地位からいふと全国を眼中に置かねばならぬ。時代遅れの地方は東北ばかりでない、山陰道の如き又九州の一部の如きも矢張り其の部類である、特に東北の為めのみに政策を云々することは出来ぬ」。

＊16 安在邦夫・田﨑公司『会津諸街道と奥州道中』吉川弘文館、二〇〇二年、二五三―二五五頁。

＊17 中瀬寿一「大阪における〝弁護士民権〟の先駆 島本仲道―大塩の伝統を継承発展させた民権家たち―」『大阪春秋』三三号、一九八二年、http://www.cwo.zaq.ne.jp/oshio-revolt-m/nakase3.htm(二〇二一年三月五日

閲覧）。内村義城はのち和歌山県誌の編纂に従事する。
＊18　柳田泉「春宵雑語　郷土文芸に対する態度」『陸奥の友』一九一九年三月号。
＊19　拙著『「東北」を読む』無明舎出版、二〇一一年、参照。
＊20　河野磐州伝編纂会『河野磐州伝・上巻』河野磐州伝刊行会、一九三〇年、二六一―二六二頁。
＊21　原著二六―二七頁。国立国会図書館デジタルコレクション http://dl.ndl.go.jp/info:ndljp/pid/1093847〔請求番号：特243-884〕、コマ番号20（二〇二一年二月六日閲覧）。
＊22　田中悟『会津という神話』ミネルヴァ書房、二〇一〇年、一一二―一一三頁。会津に関しては、Hiraku Shimoda（下田啓）*LOST and FOUND: Recovering Regional Identity in Imperial Japan*, The Harvard University Asia Center, 2014、茂木謙之介「『雪冤』から『開発』へ―戦前戦後福島県会津地方における秩父宮勢津子の表象をめぐって―」、河西秀哉・瀬畑源・森暢平編『〈地域〉から見える天皇制』吉田書店、二〇二〇年、参照。
＊23　拙著『続・東北―異境と原境のあいだ―』中公新書、二〇〇七年、参照。
＊24　『石母田正著作集』第一五巻、岩波書店、一九九〇年、一七二頁。
＊25　前掲佐々木『戊辰戦争』一〇九頁。
＊26　ベネディクト・アンダーソン（Benedict Anderson）〔白石隆・白石さや訳〕『定本・想像の共同体　ナショナリズムの起源と流行』書籍工房早山、二〇〇七年、三二八頁。
＊27　前掲アンダーソン『定本・想像の共同体』三三〇頁。
＊28　遠藤進之助「戊辰東北戦争の分析」、豊田武編『東北史の新研究』文理図書、一九五五年、岩本由輝ほか『対話「東北」論』福武書店、一九八四年、難波信雄「日本近代史における『東北』の成立」、東北学院大学史学

科編『歴史のなかの東北』河出書房新社、一九九八年、など。
＊29　『講座東北の歴史』全六巻、清文堂出版、二〇一二―一四年、前掲友田編『東北の近代と自由民権』など。

第二章

＊1　「鵜飼経済」とは、首をヒモ（日本の部品・素材産業）で縛られ、魚（完成品）を獲っても、そのまま飼い主（日本）に捧げるという韓国経済の輸出構造の脆弱性を意味する表現。
＊2　半谷清寿に関する最新の研究として、鎌田健太「半谷清寿の『東北』と『実業』思想―明治中期における『遅れた東北』からのナショナリズムの一様態―」『文化』八四巻三・四号、二〇二一年、参照。
＊3　佐々木昌雄については、マーク・ウィンチェスター（Mark Winchester）「近現代アイヌ思想史研究―佐々木昌雄の叙述を中心に―」二〇〇九年一橋大学提出博士論文（一橋大学機関リポジトリ）、参照。
＊4　復興庁ＨＰより。
＊5　福島原発訴訟弁護団事務局長の馬奈木厳太郎は、官財界の無「反省」体質とともに、主権者としての私たちの向き合い方を問うている。馬奈木「責任を問うということ、主権者たること」『現代思想』四九巻三号「特集・東日本大震災10年」、二〇二一年。

第三章

＊1　楠本雅弘編『恐慌下の東北農村』下巻、日本近代農政史料集成⑤、不二出版、一九八四年。
＊2　一九三四年凶作・飢饉に関する近年の研究として、玉真之介「一九三四年の東北大凶作と郷倉の復興―岩手県を対象地として―」『農業史研究』四七号、二〇一三年、参照。

＊3　農会報については、坂根嘉弘「農会と農会報」、大鎌邦雄編『日本とアジアの農業集落』清文堂出版、二〇〇九年、参照。

＊4　楠本雅弘編『恐慌下の東北農村』上巻、日本近代農政史料集成③、不二出版、一九八四年。

＊5　無明舎出版編『東北大凶作』無明舎出版、一九九一年。

＊6　大門正克『増補版・民衆の教育経験　戦前・戦中の子どもたち』岩波現代文庫、二〇一九年、一三七―一三八頁。

＊7　大石勇「昭和恐慌と凶作の東北農村―北海道農民が観た凶作地―」『徳川林政史研究所研究紀要』三二号、一九九八年。

＊8　農村更生協会は一九三四年に「農村更生ニ関スル諸般ノ調査研究及農村ニ於ケル更生事業ノ援助ヲ為ス」ことを目的に設立され、「農政の神様」と称された石黒忠篤ほかが理事に名を連ねていた。同協会については、松田延一「戦前の農村更生協会の活動」『農村経済更生運動―その歴史と意義―』全国農地保有合理化協会、一九九〇年、参照。「稗」叢書には第18輯『食糧としての稗』（小原哲二郎）もあった。

＊9　柳田國男は米と稗の相克について、一九三七年八月「飛騨と郷土研究」で日本人の「米を食はうとする癖」の強さを指摘する一方、一九四〇年五月「米食の歴史」では、「歴史が更に久しく、又由緒の古いものは稗であつた。……上代人の強健を最も多く支持して居たのは、稗であつた」と述べて、稗から米への主食の移動を論じている。『柳田國男全集 三〇』筑摩書房、二〇〇三年。

＊10　高岡裕之『総力戦体制と「福祉国家」』岩波書店、二〇一一年。

＊11　石黒忠篤は『読売新聞』一九四〇年一〇月四日付「不足米は移輸入で補充　国民に不安は与へぬ」で、「内地米で足りぬところは朝鮮台湾の外地米の移輸入で国民には絶対不安は与へない。しかし、国民諸君が気を緩め

ていゝといふわけではないのだ。私は稗の粥や稗と馬鈴薯の混食を時々試してゐるが却々美味い。現在稗を手に入れるのがむつかしいので無理にすゝめはしないが、少し研究すれば代用食には困らぬ」と豪語している。また同一九四一年五月一八日付「稗の加工利用」において、理化学研究所の庄司謙次郎（醸造学）は「われ〳〵は今事変になつて飯は米ときめてゐたのが間違ひであるのに気が付いたのである」と述べている。

＊12　『戸坂潤全集』別巻、勁草書房、一九七九年。

＊13　ローザ・ルクセンブルクは『経済学入門』（佐野文夫訳、叢文閣、一九二六年）の末尾（四六二頁）で、資本主義にとって後進地域がいかなる意味で不可欠であるかということを論じて、書を閉じている。ローザに従えば、資本主義は「旧式の生産形態」＝後進地域を抜きには成立し得ない矛盾的構造・特性を持っているのである。故に後進地域の解放は「一般資本主義の止揚」につながらざるをえない。さらにこの点は『資本蓄積論』（原著一九一三年）の末尾（第三二章「資本蓄積の領域としての軍国主義」）において、社会主義への展望として語られている（長谷部文雄訳、岩波文庫・下巻、一九三四年、二一八―二一九頁）。

＊14　玉真之介『近現代日本の米穀市場と食糧政策―食糧管理制度の歴史的性格―』筑波書房、二〇一三年、「第5章　戦時食糧問題と農産物配給統制」、大豆生田稔「戦時期の外米輸入―一九四〇～四三年の大量輸入と備蓄米―」『東洋大学文学部紀要・史学科篇』三九号、二〇一三年、参照。

第四章

＊1　田中宏己「室蘭鎮守府の顚末について」『海軍史研究』創刊号、一九九〇年、は室蘭軍港問題を「近代化の過程では、軍の発展を純軍事問題としてとらえられない一例」と指摘している。

＊2　飛内進『大湊警備府沿革史』私家版、二〇〇〇年、八九―九〇頁。

＊3　上泉徳弥については、長沢直太郎『上泉徳弥伝』上泉きう、一九五五年、橋谷弘「上泉徳弥と財部彪」、坂根嘉弘編『軍港都市史研究麓Ⅵ　要港部編』清文堂出版、二〇一六年、参照。
＊4　拙稿「資料紹介　青森町長工藤卓爾の青森港をめぐって」『市史研究あおもり』五号、二〇〇二年、参照。
＊5　『読売新聞』一九一二年七月一一日付「上泉氏左遷事情」、同一三日付「鎮海市民大会」参照。前掲長沢『上泉徳弥伝』九三頁によれば、鎮海学校組合管理者が市民を代表して感謝状を贈っている。
＊6　末永洋一「大正年間における安部城鉱山」『青森県史研究』一号、一九九七年、参照。
＊7　『青森県史』資料編・近現代3、資料四四八。
＊8　『青森県史』資料編・近現代3、資料四四七。
＊9　アジア歴史資料センターjacar.go.jp（以下JACARと略）：C08020717100、大正4年　公文備考　巻119　雑件2（防衛省防衛研究所）（二〇二一年二月六日閲覧）。
＊10　『青森県史』資料編・近現代3、資料四四九。
＊11　『青森県史』資料編・近現代3、資料四五四。
＊12　JACAR：C04015952900、公文備考　会計2止　巻122（防衛省防衛研究所）（二〇二一年二月六日閲覧）。
＊13　前掲飛内『大湊警備府沿革史』三〇五頁。
＊14　同前三一五頁。
＊15　『青森県史』資料編・近現代3、資料二〇三。
＊16　国立国会図書館近代デジタルコレクション（二〇二一年二月六日閲覧）。
＊17　東郷平八郎の側近として知られ、当時は宮中顧問官。
＊18　全八回、『青森県史』資料編・近現代2、二〇〇三年、資料二二八。

＊19　国立国会図書館近代デジタルコレクション（二〇一一年二月六日閲覧）、拙著『近代日本の地域思想』窓社、一九九六年、第四章第三節「陸奥湾と運河問題」、参照。
＊20　『青森県史』資料編・近現代2、資料二二九。
＊21　『青森県史』資料編・近現代2、資料二三三。
＊22　新聞報道としては、『東京朝日新聞』一九一一年一月六日付「大湊開港期成同盟（青森）」参照。
＊23　『青森県史』資料編・近現代2、資料番号二三四。
＊24　坂野潤治ほか編『財部彪日記　海軍次官時代（上）』山川出版社、一九八三年、一七五頁。
＊25　『第二十七会帝国議会衆議院大湊開港に関する建議案委員会議録（速記）第一〜三回』、帝国議会会議録検索システム。
＊26　『東京朝日新聞』一九一一年二月二八日付「日米交通と大湊（法学博士戸水寛人氏談）」。
＊27　『東京朝日新聞』一九一一年三月六日付「大湊開港と青森築港」。
＊28　前掲『財部彪日記　海軍次官時代（上）』二八六頁。藤本は一九一一年九月より大湊要港部司令官。
＊29　『青森県史』資料編・近現代3、資料二五四。
＊30　設立趣意書・定款は『青森県史』資料編・近現代3、資料二五九。
＊31　JACAR：C08050681600、大正12年　公文備考　巻7　軍港要港及港湾（防衛省防衛研究所）（二〇一一年二月六日閲覧）。
＊32　JACAR：C08050681500、大正12年　公文備考　巻7　軍港要港及港湾（防衛省防衛研究所）（二〇一一年二月六日閲覧）。
＊33　同前。

＊34　一九二〇年一月二七日付青森県知事・海軍大臣宛田名部町長・大湊村長連名「大湊要港一部開放ニ関スル請願書進達ノ件」、三月一三日付海軍大臣加藤友三郎宛青森県下北郡長大森三郎「要港地帯開放方ノ義ニ付陳情」JACAR：C08050681600、大正12年　公文備考　巻7　軍港要港及港湾（防衛省防衛研究所）ほか（二〇二一年二月六日閲覧）。
＊35　JACAR：C08050681500、大正12年　公文備考　巻7　軍港要港及港湾（防衛省防衛研究所）（二〇二一年二月六日閲覧）。
＊36　同前。
＊37　同前。
＊38　一九二四年二月には北海道議会・東北六県議会から大湊港を北日本の貿易港と位置付ける請願書が海軍大臣宛に提出されている。また同六月には北海道・東北六県役員連絡会議が大湊兵器製造所設置を陳情している。
＊39　JACAR：C08050681500、大正12年　公文備考　巻7　軍港要港及港湾（防衛省防衛研究所）（二〇二一年二月六日閲覧）。
＊40　同前。
＊41　前掲『むつ市史』一一二六―七頁、『青森県史』資料編・近現代4、二〇〇五年、資料一一七。
＊42　JACAR：C05223822800、公文備考　昭和9年K建築、土木　巻18（防衛省防衛研究所）（二〇二一年二月六日閲覧）。
＊43　JACAR：A11112286800内閣東北局関係文書・陳情書綴（二）・昭和十年（国立公文書館）（二〇二一年二月六日閲覧）。
＊44　JACAR：A11112284900内閣東北局関係文書・陳情書綴（二）・昭和十年（国立公文書館）（二〇二一年二月

六日閲覧）。
＊45　同前。
＊46　『読売新聞』一九三五年七月一八日付「東北工業港完備を提議」。
＊47　JACAR：C05034507100、公文備考　昭和10年J警戒計画　巻15（防衛省　防衛研究所）（二〇二一年二月六日閲覧）。
＊48　「港湾協会員ノ大湊視察ニ関スル件御参考迄通報」、JACAR：C05034506700、公文備考　昭和10年J警戒計画　巻15（防衛省防衛研究所）（二〇二一年二月六日閲覧）。
＊49　第一種重要港湾は横浜・神戸・関門（下関・門司）・敦賀の四港、第二種重要港湾は大阪・東京・長崎・青森・秋田沿岸・新潟・境・鹿児島・伊勢・仙台の一〇港、その他が第三種港湾。
＊50　前掲『大湊興業株式会社小史』四四頁。
＊51　前掲飛内『太平洋戦争下の大湊警備府』下、一三二頁。
＊52　『青森県史』資料編・近現代4、資料二四五。
＊53　「震洋」および人間機雷「伏龍」については、岩井忠正・岩井忠熊『特攻 自殺兵器となった学徒兵兄弟の証言』新日本出版社、二〇〇二年、参照。震洋の県内基地は八戸附近だった。JACAR：C15010005400「海軍特攻基地設定概位置」、連合軍司令部の質問に対する回答文書綴。1／26 昭20．10．29～20．11．3（防衛省防衛研究所）。
＊54　前掲飛内『太平洋戦争下の大湊警備府』下、二〇五—二〇八頁。
＊55　飛内進『大湊警備府の終焉—米海軍の緊急占領—』私家版、一九九三年、一九二頁。
＊56　同前九九、一〇三、一〇七頁。

＊57　前掲『むつ市史』一一七九頁。
＊58　数字には異説あり。飛内『大湊警備府の終焉』一二二一―一二二四頁。
＊59　粟屋憲太郎編『史料日本現代史』2敗戦直後の政治と社会1、大月書店、一九八〇年、資料八二。
＊60　『青森県史』資料編・近現代5、資料七二。

第五章

＊1　『週刊たいまつ』については、清水晃平「むのたけじの生涯とその思想―週刊新聞『たいまつ』の分析を通して―」『根津朝彦一期生卒業論文集　二〇一六年度』立命館大学産業社会学部根津朝彦研究室、二〇一七年、参照。
＊2　『月刊さきがけ』（秋田魁新報社刊）一九四五年一一月創刊号「食糧事情憂ふるに足らず　秋田をスイスたらしめよ」。
＊3　たとえば、『東奥日報』一九四五年一一月九日付「建て直す青森県」（大沢久明）は「本県は日本中で一番貧乏で、従つて一番文化の遅れてゐる地」「旧い日本にとつては金の卵を生む鶏のやうな、そして体のい丶植民地みたいな地方」だったと記している。
＊4　横手市編『横手市史　史料編　近現代Ⅰ』横手市、二〇〇八年。
＊5　この立場は日本共産党の否定的評価につながった。「共産主義者になつても中国のそれなどに比べれば質的に格段のひらきある共産主義者にしかなれない」。一九四九年七月二日付主張「民族的病態の克服へ　民自党と共産党に与える同一の批判」。
＊6　一九五〇年一月二八日付主張「政党は国民の具なり」は「日本共産党は『何の組織的関連もない』という欧

洲のコミンフォルムから一撃をくらッて、脱兎の勢いを忽ち処女のつつましさに変える非革命家的内臓を露出」したと記している。

＊7　社共合同については、拙著『「社共合同」の時代―戦後革命運動史再考―』同時代社、二〇一九年、参照。

＊8　同時期に東北六県の国立大学長らによって東北開発研究会が創立され、東北開発が提唱される。

＊9　「東北的性格」を論じたものとして、『東北文学』（河北新報社刊）一九四六年一月創刊号の船山信一の同名論説がある（第二章参照）。『たいまつ』四八年一一月一三日付「私の言葉」は船山論文を紹介している。

＊10　前掲北条『評伝　むのたけじ』一八九頁。

第六章

＊1　平田哲男『レッド・パージの史的究明』新日本出版社、二〇〇二年、によれば、レッド・パージ red purge は和製英語で、一般的な英語表現は red scare, red baiting, red mark である。今西一「浪高から東大へ―木村勝造氏に聞く―」『小樽商科大学商学討究』六二巻二・三合併号、二〇一一年、のなかで、当時東大生だった木村勝造はレッド・パージと命名したのは自分であるとのべている（二二頁）。

＊2　水戸高校教員だった哲学者梅本克己は一九四八年（月日不明）に入党したが（梅本克己著作集編集委員会編『梅本克己著作集』第一〇巻、三一書房、一九七八年、「梅本克己年譜」）、四九年一月五日の日記に「遠坂氏より、共社合同に際して、党籍を公然化してくれとの伝言、承知する」（同前三四六頁）と見える。「遠坂」とは中央委員候補の遠坂良一。共社合同（社共合同）については、拙著『「社共合同」の時代―戦後革命運動史再考―』同時代社、二〇一九年、参照。

＊3　梁田政方『北大のイールズ闘争』光陽出版社、二〇〇六年、大藤修『検証　イールズ事件―占領下の学問

の自由と大学自治―』清文堂出版、二〇一〇年、今西一「北大・イールズ闘争から白鳥事件まで―中野徹三氏に聞く（1）―」『小樽商科大学商学討究』六一巻四号、二〇一一年など参照。なおイールズ（Eells, Walter Crosby）自身の記録として、*Communism in education in Asia, Africa, and the Far Pacific*, Washington, D.C., American Council on Education, 1954 がある。HATHI TRUST Digital Library.

＊4　前掲平田『レッド・パージの史的究明』一三九頁の表Ⅳ―6参照。

＊5　英文学教授。大和田敢太「滋賀大学におけるレッド・パージ事件―大学における労働問題の歴史的教訓―」『彦根論叢』三四八号、二〇〇四年、参照。

＊6　山形新聞労組統一委員会発行の一九五〇年一〇月二日付『すくらむ』四九号（戦後社会運動未公刊資料集刊行委員会編『戦後日本共産党関係資料』不二出版、史料コマ番号【9】B0020）「出、坂田、眞下氏らも　大学の首切り　全国で千名に及ぶか」は、九月二六日付『青年新聞』が報じた八〇名近い大学教員解雇予定者リストを転載している。

＊7　一九五〇年三月、関戸は民主主義科学者協会哲学部会の一員として、小松の身分保証を求める出隆・古在由重らの署名運動に参加している。ＨＰ小松家文書館 http://komatsukemonjokan.com/?page_id=1723「神戸大学事件の記録」（二〇二一年二月六日閲覧）。同「摂郎日記」も同日閲覧。

＊8　平田哲男編著『大学自治の危機―神戸大学レッド・パージ事件の解明―』白石書店、九三年、神戸大学百年史編集委員会編『神戸大学百年史』部局史、二〇〇五年、参照。

＊9　同原稿は四月に三一書房より刊行の『自由の旗の下に―私はなぜ共産党員になつたか―』に収められる。

＊10　前年一一月二三日には関戸へ発信、一二月四日には関戸から返信が届いている。入党に関する相談だったかもしれない。

＊11　「関戸嘉光教授　略歴および著作目録」『長野大学紀要』八巻四号、一九八七年、参照。
＊12　『官報』一九四〇年五月一六日付「学士試験合格者」。
＊13　前掲『治安維持法検挙者の記録』三五五頁。
＊14　大上末広については、小野一一郎・松野周治「大上末廣の略歴と著作目録について」京都大学経済学会『経済論叢』一一九巻三号、一九七七年、参照。大上の筆名のひとつは「関戸千広」だった。妻の旧姓「関戸」を用い、千代と末広を合体させたのであろう。三・一五事件の逮捕後に転向し、日本評論社に勤めていた石堂清倫を満鉄調査部に勧誘したのは大上である。石堂『わが異端の昭和史』勁草書房、一九八六年、二〇四頁。
＊15　弘前大学附属図書館所蔵・官立弘前高等学校資料・資料番号三五七「昭和二十二年　庶務日記」。官立弘前高等学校資料については弘前大学附属図書館編『官立弘前高等学校資料目録　北溟の学舎の資料群』弘前大学出版会、二〇〇九年、参照。
＊16　前掲平田『レッド・パージの史的究明』は道又論文の紹介にとどまっている一方、青森師範教員の川崎新三郎の不任用について本人へのインタビューも交えて、記している。重要な言及である。川崎事件に関する共産党の発言として、『青森家庭新聞』一九五〇年八月一五日付九号「適応の教育―川崎教授事件について―」（前掲『戦後日本共産党関係資料』【9】K0706）がある。川崎は一九四九年結成の歴史教育者協議会の二代目事務局長となる。なお、青森県のレッド・パージに関しては、明神勲「教職員レッド・パージ概要ノート（その1）―青森・岩手県における教職員レッド・パージ」『北海道教育大学紀要』第一部、C、教育科学編、三四巻一号、一九八三年、参照。
＊17　弘前高校と弘前大学が並存していた一九四九年において、弘高教員は全員「弘高教授」となっているので（『弘前大学五十年史』通史編、一九九九年、一五九―一六一頁）、何事もなければ、関戸も当然「弘高教授」に

なっていた筈である。

＊18 翻訳書にフュステル・ドゥ・クーランジュ『古代フランス土地制度論』上・下、日本評論社、一九四九年、同『フランス封建制度起源論』御茶の水書房、一九五六年、がある。のち青森大学初代学長。明比の学風については、相沢文蔵「明比達朗先生—その人と業績—」弘前大学『人文社会』三三号・史学編Ⅴ「明比達朗教授還暦紀念特輯」、弘前大学人文社会学会、一九六四年（『弘前大学五十年史』資料編、一九九九年、六五七—六六二頁に再引）、参照。

＊19 だからといって、関戸が社会主義・共産主義礼賛の講義をしていたわけではない。彼は「担当科目が哲学であれ倫理学であれ社会思想史であれ、講義の序論として必ず」マックス・ウェーバーの『職業としての学問』を紹介していた。前掲関戸「戦後日本思想史の一側面」九六頁）

＊20 出隆との関係については、関戸嘉光「セプティーク・コミュニストあるいはコミュニスト・セプティーク出隆」前掲『出隆回想』所収、参照。

＊21 関戸嘉光「戦後日本思想史の一側面—自伝風に—」『長野大学紀要』一八巻一号、一九九六年、九四頁。

＊22 同前九六頁。

＊23『週刊自由』一九四九年二月二一日付「入党してこそ文化人」、『東奥日報』五月一六日付「官立弘高スト決議　関講師の共産党入党宣言講演会問題から」、『陸奥新報』五月二一日付「〝関戸講師の言行は違法〟」「〝学校の思想弾圧〟」、同六月一四日付「さらに26名を懲戒　学校当局最後通告」。

＊24 同年三月から四月に青森師範でも民主化をめぐってストライキがおこる。『読売新聞』一九四九年三月一五日付青森版「青森師範の盟休、一応解決」、同一七日付「極左分子と不満教授が暗躍」、同二四日付「青師、再びストか」。

＊25　歴史家の網野善彦が民主主義学生同盟の副委員長兼組織部長だったことは知られている。民学同の政治的立場は共産党と社会党左派による統一革命党＝社共（共社）合同路線だった。『学生戦線』（国立国会図書館憲政資料室所蔵）一九四九年一月一一日付四号主張「統一へ！」、同「共社合同と民主戦線―伊藤律氏との一問一答―」。機関誌『学生戦線』は一九四八年一一月から四九年三月まで発行され、民主青年合同委員会（青年共産同盟・全日本民主青年同盟・民主主義学生同盟の合同）の成立にともない、『民主青年』となる。なお、一九六三年に結成された同名の民主主義学生同盟とは関係がない。

＊26　『学生戦線』一九四八年一一月二四日付二号「全国支部一覧」。

＊27　長崎真人『わが命燃え　戦争と青春の記』www.machida-zeikei.sakura.ne.jp/n04_history/h_3/index.html（二〇二一年三月九日閲覧）、参照。

＊28　『学生戦線』一九四九年二月一一日付六号「合同へ動く」。

＊29　弘前高校第一〇代校長の栗原一男は一八九三年群馬県生まれ。東大講師、東京控訴院（現・東京高裁）判事、一九三四年から京城帝国大学法文学部教授、民法・民事訴訟法担当（『月刊東奥』一九四八年八月号「この人の魅力　栗原一男」、通堂あゆみ「京城帝国大学法文学部の再検討―法科系学科の組織・人事・学生動向を中心に―」『史学雑誌』一一七巻二号、二〇〇八年）。栗原について道又論文は「元京城帝大法文学部長」、クレーマ論文は「元京城帝大法学部長」と記しているが（京城帝大は法学部ではなく法文学部だったから、クレーマ論文は誤記である）、一九三四年から四二年の『京城帝国大学一覧』を見る限りでは、栗原は学部長職には就いていない。弘前高校長の在任期間は四七年五月―五〇年三月。四九年五月―五三年七月は弘前大学文理学部長、五三年八月―五七年七月は宮崎大学学長。

＊30　前掲『月刊東奥』「この人の魅力　栗原一男」。

＊31　前掲官立弘前高等学校資料・資料番号五一四「昭和二十四年一月厚生補導日誌　厚生補導係」。

＊32　明比は一九四七年に社会党青森県連顧問岩淵謙一を校長とする八戸労組学校の講師を務めている。『社会新聞』一九四七年七月一四日付「地方通信」。青森県地方労働委員会委員や労働者教育諮問委員会委員なども務めていた。

＊33　一九〇〇～一九八七年。一九二五年に東京帝国大学文学部哲学科卒業。当時の著作として『哲学と宗教』近藤書店、一九四九年、がある。この後、京都大学教授となり、補導部長として京大レッド・パージ事件に関わる。福家崇洋「一九五〇年前後における京大学生運動（下）―綜合原爆展と京大天皇事件を中心に―」『京都大学大学文書館研究紀要』一四号、二〇一六年、今西一「京大天皇事件前後の学生運動（中）」京都の民主運動史を語る会『燎原』二二四号、二〇一六年、参照。五九年に新潟大学長（事務取扱）。

＊34　歴史学、新井白石の研究者、のち弘前大学・岡山大学・国学院大学教授、東京帝国大学文学部一九四一年三月卒業で野崎孝と同期。

＊35　ゲールハルト・ハウプトマン、レオンハルト・フランクの研究者。二〇一一年度弘前大学大学院入学式における弘前大学長遠藤正彦の告辞（『弘前大学学報』八五号、二〇一一年四月号）、「小島尚先生の想い出」武田智孝ホームページ『ドイツ文学遊歩』flaneur.web.fc2.com/（二〇一八年六月二七日閲覧）、参照。

＊36　前掲『青森県労働運動史』第四巻一七二頁。学生の反対運動の背景には、前年から続いていた隣県秋田師範学校の民主化運動が勝利したことも手伝っているだろう。『学生戦線』一九四九年一月一一日付四号「ワレカテリ　秋田師範ついに勝利」。秋田師範でも附属中学校教師の入党宣言に対して、学校側が退職勧告する事件がおこっていた。教師は懲戒免職となる。

＊37　『読売新聞』一九四九年五月二五日付青森版「青師もスト」は、青森師範学校学生自治会が弘高スト支援を

決め、弘高闘争本部へカンパを渡すと共に、弘高当局に抗議文を提出することを報じている。同六月一二日付青森版「弘高スト応援決る」によれば、全学連東北支部大会が弘前で開催され、弘前高校ストライキを支援することを決めている。五月二八―三〇日の全学連第二回全国大会は、青森県学連提出の緊急動議「弘前高校の関戸講師の不当処分及びそれに反対する学生に対する弾圧の件」を満場一致で可決した（資料一九五）。『資料　戦後学生運動1』三一書房、一九六八年。

＊38　『読売新聞』一九四九年六月一五日付青森版「同盟登校に戦術転換　弘高スト学生強硬」。

＊39　前掲『青森県労働運動史』第四巻、一八〇頁。

＊40　ＣＩＥ士官については不詳だが、青森県教育軍政部長クルース〔クロス〕と思われる（前掲官立弘前高等学校資料・資料番号三五七「昭和二十三年　庶務日誌」）。彼には同行者がいた。道又論文によれば「日系通訳」、クレーマ論文によれば通訳担当の弘高英語教師「長谷川」。「長谷川」とは源氏物語和歌の英訳で知られた長谷川誠治をさすと思われる。

＊41　共産党との関係について記せば、関戸は梅本克己の査問（哲学者党員会議）に出席している。前掲関戸「戦後日本思想史の一側面」九七頁。梅本が離党するのは一九五九年後半のことだから、少なくとも関戸もこの時期までは党籍があったことになる。

＊42　前掲道又論文六頁。

＊43　前掲「戦後日本思想史の一側面」、「懺悔　そのひとつ手前　戦後五十年の自分を省みるために」『人権と教育』二二号、一九九五年。

＊44　『経済論叢』一三七巻三号、一九八六年、「平田清明教授記念号」平田清明教授・略歴・著作目録。

＊45　関戸は大井正・森信成らと「日本のこえ」派の組織拡大のために、訪ソしている。前掲関戸「戦後日本思想

史の一側面」九九頁。

＊46　一九六五年五月の二度目のデモに参加し、「共同宣言」に署名している。HP旧「ベ平連」運動の情報ページ http://www.jca.apc.org/beheiren/index.html（二〇二一年二月六日閲覧）、参照。ベ平連に関する最新の研究として、平井一臣『ベ平連とその時代―身ぶりとしての政治―』有志舎、二〇二〇年、参照。

＊47　一九七九年一〇月二日付の関戸宛串田書簡（ハガキ）によれば、串田は初見靖一名で一九四〇年に刊行した『萍』を関戸に寄贈しており、七九年には『流れる時』を寄贈している。HP玉英堂書店 http://gyokueido.jimbou.net/catalog/）（二〇一七年二月一〇日閲覧）。

＊48　沢登佳人「死刑囚の時効について」新潟大学法学会『法政理論』一八巻二号、一九八五年。

＊49　旧制弘前中学校・現弘前高校の同窓会誌『鏡ヶ丘同窓会報』二四号、二〇一二年、に同窓生の島中誠による「ベストセラー翻訳家として活躍」が掲載されており、野崎の業績と悲運について記している。

＊50　中世哲学、前掲出隆編『哲学の基礎問題』中巻に「中世主義」を執筆。

＊51　ハーシー『ヒロシマ』の原爆言説は最近批判もされている。柴田優呼「オバマのヒロシマ演説を歴史化するアメリカの原爆言説は変わったのか」『現代思想』二〇一六年八月号。

＊52　共産党所属の参議院議員岩間正男は一九四九年一〇月七日および一五日の参議院文部委員会で大学における教授追放問題や政治活動問題について発言しているが、ほぼ一般論に終始し、関戸事件について具体的な言及はしていない。国会会議録検索システム（https://kokkai.ndl.go.jp/#/）。この後、一〇月二二日に全国大学教授連合会（会長は東大総長南原繁）は「学問の自由と大学教授の地位」および「大学教授と人事院規則」の二つの声明をあげている。

＊53『弘前大学二十年史』一九七三年は、「幸い関戸講師事件は、学生側に格別の大きい犠牲者も出さずに落着し

たが、これを機に数人の教官が転出することになったのは甚だ残念だった」とのみ記している（六八頁）。

第七章

＊1　大石嘉一郎「近代福島地方史研究の回顧と展望」、同『日本近代史への視座』東京大学出版会、二〇〇三年、初出は一九九七年。一九六〇年代においても、「福島大学経済学部の日本経済史研究室は、近世日本経済史学では現在最高の水準に達している」と評価された。戒能通孝『いかに生き、いかに学ぶか』講談社現代新書、一九六六年、一七八頁。福島大学経済学部に関する最近の研究として、阪本尚文「福島学派の遠雷─草創期福島大学経済学部の教官群像と井上紫電の軌跡」『行政社会論集』三三巻四号、二〇二一年、参照。

＊2　金原左門「断ち切りがたい『惜別』の情」、大石先生追悼文集刊行会編『日本近代史研究の軌跡　大石嘉一郎の人と学問』日本経済評論社、二〇〇七年、所収。

＊3　以後の全国的研究動向については、国立歴史民俗博物館の「自由民権運動研究文献目録データベース」、東北地方の研究動向については、友田昌宏編『東北の近代と自由民権─「白河以北」を越えて─』日本経済評論社、二〇一七年、巻末の「東北自由民権運動文献目録（二〇〇〇〜二〇一五）」参照。

＊4　宮城県における自由民権運動研究史については、千葉昌弘「自由民権運動研究の課題と方法」『自由民権』二八号、二〇一五年、および同「宮城県における自由民権運動の展開とその研究」前掲友田編『東北の近代と自由民権』所収、参照。

＊5　ワッパ事件に関しては三原容子「山形県庄内地域の自由民権運動─東北の自由民運動におけるワッパ事件と三島県政の意味─」前掲友田編『東北の近代と自由民権』、福島・喜多方事件に関しては松崎稔「会津地方自由民権運動の再考試論─二項対立による理解を超えて─」同前、参照。福島地域の研究史については、前掲大石

「近代福島地方史研究の回顧と展望」参照。

＊6　安在邦夫「福島・喜多方事件再考―同根複合事件・裁判から見た事件像―」、高島千代・田﨑公司編著『自由民権〈激化〉の時代―運動・地域・語り―』日本経済評論社、二〇一四年、所収。拙稿「書評・高島千代ほか編著『自由民権〈激化〉の時代』」『歴史と経済』二三一号、二〇一六年、参照。なお、福島・喜多方事件は長い間「福島事件」と呼ばれてきたが、上記安在論文に従い、引用文以外、本稿では「福島・喜多方事件」と記す。

＊7　東北経済研究所については、誉田宏「福島大学東北経済研究所の活動と地方史研究への貢献」『福島大学地域研究』一一巻三号、二〇〇〇年、参照。

＊8　大江志乃夫「大石嘉一郎　ラードの如き『人物』―経済史学界〝福島グループ〟の雄―」、前掲『日本近代史研究の軌跡』。

＊9　『著作集』第一巻「日本近代産業の生成」、巻末「略歴」「著作目録」ほかより。

＊10　福島高等商業学校研究調査課東北経済研究科編、東北地方社会経済史研究叢書第一輯、国立国会図書館近代デジタルコレクション。

＊11　『封建社会の展開過程』、『著作集』第四巻。

＊12　有賀社会学と歴史家との関連については、高橋明善「有賀喜左衛門の民族的性格論と家・村論」『21世紀東アジア社会学』二〇一六巻八号、二〇一六年、参照。

＊13　小林昇「回想―藤田五郎の学問的生涯―」『著作集』第五巻。

＊14　大塚久雄「若き日の藤田五郎君のことなど」『著作集』別冊『藤田五郎の人と学問』。

＊15　前掲小林「回想」。

＊16　一九五一年四月一八日付草稿「東北型・近畿型『豪農』について」『著作集』第五巻。庄司吉之助「藤田さ

んからの手紙」前掲『藤田五郎の人と学問』。

＊17　吉岡昭彦「藤田さんと死」前掲『藤田五郎の人と学問』。

＊18　東京大学社会科学研究所、松本達郎「藤田さんを偲びて」『社会経済史学』一八巻六号、一九五三年、参照。

＊19　『著作集』第五巻の山田舜「解題」、および『著作集』第一巻、「序」参照。

＊20　第四章「『豪農』範疇の措定」（『著作集』第三巻版では割愛、羽鳥が同巻の解説を執筆しているが、その説明はない）を担当。

＊21　『河野磐州伝』以降の叙述は、『日本地方財行政史序説』では割愛されている。

＊22　後年、東京大学社会科学研究所に転任した大石は、経済学部でゼミを持ち、思想史関係のテーマもとりあげている。阿部武司「東大経済学部大石ゼミの思い出」、谷口豊「私にとっての大石先生」、前掲『日本近代史研究の軌跡』所収、参照）

＊23　「解題　藤田教授と豪農の研究」は事前に『商学論集』二二巻二号、一九五三年、に転載。『著作集』第五巻では割愛。

＊24　大石嘉一郎「書評　藤田五郎著『近世経済史の研究』」『商学論集』二三巻五号、一九五四年。

＊25　松尾章一「自由民権運動期に於ける天皇論―自由党を中心として―」『法政史学』一二号、一九五九年、八一頁。

＊26　鹿野政直『資本主義形成期の秩序意識』筑摩書房、一九六九年。

＊27　羽鳥卓也「幕末・維新期―寄生地主制成立を中心として―」『社会経済史学』二〇巻四・五・六号、一九五五年。寄生地主制に関する羽鳥の最初の論究と思われるのは、「岐路に立つ農村」『学生評論』三巻二号（再刊2号）、一九四六年（復刻版『学生評論』第1巻、不二出版、二〇二〇年）、である。

＊28　唯一の例外が『著作集』第三巻「近世封建社会の構造」の解説執筆。

＊29　「座談会　日本資本主義史研究の歩み―自由民権から戦後改革まで―」『社会科学研究』三九巻四号、一九八七年。

＊30　当時の福島大学経済学部の内部論争は、宗田實「大石さんのこと」、学的雰囲気の全体については、前掲金原「断ち切りがたい『惜別』の情」、いずれも前掲『日本近代史研究の軌跡』所収、参照。金原によれば、羽鳥は「いちゃもんつけ」型とされる。なお、前掲阪本「福島学派の遠雷」は当時の福島大学経済学部を評して、「ほとんど理想的な知識人共同体」（一四頁）、「『知の梁山泊』の結晶」（一九頁）と表現している。

＊31　近年の国際化の動きとして、深谷克己編『民衆運動史5　世界史のなかの民衆運動』青木書店、二〇〇〇年、参照。

＊32　中野徹三については、『マルクス主義の現代的探求』青木書店、一九七九年、『生活過程論の射程』窓社、一九八九年、参照。

＊33　松尾章一「大石嘉一郎さんと服部之總」、前掲『日本近代史研究の軌跡』。

第八章

＊1　最近の北大闘争研究として、拙稿「北大闘争の位置と思想」『国立歴史民俗博物館研究報告』二一六集、二〇一九年、「北大1969」編集委員会編『北大1969―あのころ私たちが求めていたもの―』メディアデザイン事務所マツモト、二〇二一年、広大闘争研究として、拙稿「書評・広島大学文書館編『証言　大学紛争』」『史学研究』二六六号、二〇〇九年、阪上史子「一九六九年　あのころ私は―広島大学闘争を中心に―」『広島同人誌あいだ』3、二〇二〇年、中村平「『造反教師』松元寛の『広大紛争』小説群を五十年後に読む」『原爆文学研究』

一九号、二〇二〇年、参照。

＊2　東大闘争については、拙稿「書評・小杉亮子『東大闘争の語り―社会運動の予示と戦略―』」『同時代史研究』一二号、二〇一九年、参照。

＊3　一九六七年の高崎経済大学闘争を描く小川紳介監督映画『圧殺の森』のDVD版（DIG、二〇一六年）の解説文（上野昂志）は、「周辺部にあることで、中心部ではすぐに顕在化しない矛盾が、より早く、より露骨な形で現れる場合がある」と述べている。

＊4　大学史をひもとけば、『弘前大学二十年史』（一九七三年）には闘争時に編纂事業が進められたこともあって、ほとんど記述がない。『弘前大学五十年史』資料編（一九九九年）は第1編第3章「学園紛争と学内改革」・第2編第8章第10節「紛争時の教養部教授会開催表」、同通史編（一九九九年）は第1編第1章第3節「弘前大学後援会」・同第3章「学園紛争」・第2編第4章第2節2「医学部における学園紛争」・同第6章第2節4「理学部の学生懲戒処分制度」・同第7章第1節4「学園紛争とその後の学部の変革」でふれている。

＊5　津川選挙については、拙著『「社共合同」の時代―戦後革命運動史再考―』（同時代社、二〇一九年）四二四―四二六頁、参照。

＊6　東大闘争に関しては、川上徹・大窪一志『素描・1960年代』（同時代社、二〇〇七年、以下『素描』と略）、小杉亮子『東大闘争の語り―社会運動の予示と戦略―』新曜社、二〇一八年、東大闘争・確認書五〇年編集委員会編『東大闘争から五〇年―歴史の証言―』（花伝社、二〇一九年）、平田勝『未完の時代　1960年代の記録』（花伝社、二〇二〇年）、河内謙策『東大闘争の天王山「確認書」をめぐる攻防』（花伝社、二〇二〇年）などで状況が見えてきた。青木陽子『雪解け道』（新日本出版社、二〇〇八年）は、民青・反民青の間で揺れ動いた金沢大学の学生像を描いている。

＊7　六七年に人文学部に入学した新柵庸一も「無風地帯だった辺境」と回顧している（『それぞれ』一三七頁）。
＊8　『弘前大学五十年史』通史編、一九九九年、第1編第1章第3節「弘前大学後援会」、参照。
＊9　白川祐二「めばえ」『弘前民主文学』一〇三号、一九九九年、参照。
＊10　同夜の状況については、『それぞれ』所収『こんみゅん』創刊号に詳しい。集結した学生は約二五〇名だったという。
＊11　元弘前大学全学共闘会議有志　滝浦孝を追悼する会編『滝浦孝遺稿集・追悼文集　私の歩んだ道』私家版、二〇一一年、三二頁、以下『歩んだ道』と略。
＊12　『歩んだ道』によれば、『В Нарол（ブ・ナロード）』と題する新聞もあった（一四四頁）。『それぞれ』に復刻されている六九年二月二〇日付創刊号は「弘前べ平連機関紙」を名乗り、安彦が同月初めのべ平連第三回全国懇談会の報告「明日は素人の時代だ」を投稿している（六一〇―六一一頁）。六九年一二月一四日付第5号までの刊行が確認される（『それぞれ』六二〇頁）。
＊13　民青系については、白川祐二「飛翔」『弘前民主文学』一〇四号、二〇〇〇年、参照。六八年一一月二四日の全寮連（全日本学生寮自治会連合）大会に向け二二日の全寮連生代議員大会に参加するために夜行で上京したある学生は、上野駅からそのまま東大本郷の教育学部前に動員され、違和感を抱きながら黄色いヘルメットを被り、革マル派のデモ隊と対峙した（『それぞれ』二八〇―二八一頁）。彼らは「全学連支援行動隊」と呼ばれた（前掲河内『東大闘争の天王山』一五〇頁）。
＊14　一九七〇年五月一一日付で反民青系『弘大新聞』が創刊されている（『それぞれ』六一二―六一九頁）。
＊15　弘大全共闘はその後も名称に（準）を付し、「常に結成過程に位置するという意味合い」を込めていたという（『それぞれ』一四三頁）。以下煩瑣になるので、引用箇所以外は全共闘とする。

＊16　中村隆一郎（人文学部・六七年入学）も、「日共によってはじめて、われわれの生きる社会が矛盾に満ちていることを気づかされ、共感を持ったものは意外と多い」「当時共産主義への入り口は、ほぼここ〔民青〕一つであった」と述べている（『それぞれ』五三七頁）。

＊17　安彦良和は青砥幹夫と植垣康博に向かってこう述べている。「植垣は民青にいたんだってね。それも意外なんだけど」「青砥が民青にいたというのも知らなかったんだけど、〔中略〕青砥の全共闘デビューは鮮明に覚えてる。だけど植垣のほうはね、覚えていない。気が付くといた、という感じ。なんかやたら元気がよくて調子がいいのが、っていう」（『革命』一〇四、一〇七頁）。この箇所は年次が混在している。青砥が民青を離れ「鮮明」に民青批判を始めるのは一九六八年六月頃である。まだ全共闘は存在していない。植垣の民青脱退は六九年四月中旬である。別の証言によれば、植垣の存在が知られるのは六九年九月の本部封鎖前後であり、「いきなり行動隊長になった」と言う（同一〇八頁）。「やたら元気がよくて調子がいい」植垣のイメージについて、安彦は「基本的に植垣の登場が、本部封鎖のゲバ隊長だったという印象は間違ってなかったわけだ」「とにかく元気良かったから」（同一一二頁）とも述べているから、植垣が活動家として学内で目立ってくるのは、民青時代のことではないだろう。なお、植垣は本部封鎖からさらには全学封鎖まで主張した（『それぞれ』三三三頁）。

＊18　川上徹は東大闘争における共産党・民青の軍事路線に関して、「われわれは自分たちに対峙する新左翼諸党派の〈姿〉に似せて自分たちの〈姿〉を作ったのだ。それは民青東大班の体験というよりは〈外人部隊〉と呼ばれた応援部隊にヨリ大きな意味を持った」「闘争が軍事化したことによる活動家たちのメンタリティーへの影響は大きかった」と述べている（『素描』二三七―二三八、二四一頁）。和光大学の共産党員三名は安田講堂事件後、脱党して全共闘運動に参加したが、「小さい大学だったのでお互い顔がよく見え、かつての同志の日共組織との軋轢と緊張関係が半端でなく、それは卒業後も続」いたという（続・全共闘白書編修実行委員会編『続・全

共闘白書』情況出版、二〇一九年、六一三頁)。

＊19 『東奥日報』二〇一六年三月三日付「あおもり戦後70年ガンダム作家の見た戦争24」は、一九六九年五月頃の弘前市中における「人文闘連」デモの写真を掲載している(『原点』一二二頁にも掲載)。複数の色のヘルメットを被る二〇名ほどのデモだが、先頭で男女三名が旗竿を持っている。男子学生の一人はヘルメット着用・タオル覆面の完全武装姿だが、もう一人はヘルメットを被っているものの、サンダル履きである。「人文闘連」の旗を靡かせている女子学生に至ってはサンダル履きでヘルメット無し、タオルで顔も隠していない。デモ本隊の完全武装姿が示すゲバルト性とは対照的な非ゲバルト性であり、とくに女子学生は今しがた下宿から飛び出してきたような日常との連続性が見られる。しかし、裏返せば、ゲバルト性は日常性の延長であったとも考えられる。

＊20 最終答申は、『弘前大学五十年史』資料編・第1編資料18「1971年9月『弘前大学大学問題研究委員会答申』第1編 大学の理念」、『弘前大学五十年史』通史編・第1編第3章第4節「弘前大学大学問題研究員会答申」、参照。

＊21 安彦は、全共闘の背後に社会党機関紙『社会新報』記者の指導があったことを示唆しているが(『革命』一九八―一九九頁)。共産党は封鎖占拠中の本部に社会党員が出入りしていることを批判している(共産党中弘南地区委員会一九六九年九月一四付ビラ「一部暴力学生による弘大本部封鎖は何をねらっているのか」)。九月六日以降、翌年二月九日までの約五ヵ月間の学内動向については、『菊の花』が詳しい。

＊22 一九六九年における東北六県の事務局(本部・事務室・学生部)の占拠状況は以下の通りである。弘前大学:事務局・学生部九月六―二七日(機動隊による排除)、東北大学:教養部事務室六月五日―一〇月一九日(自主解除)、学生部八月二七日―一〇月三一日(職員による解除)、理学部事務室一〇月六日―一一月二三日(機動隊による解除)、工学部事務室一〇月一六日―一一月二三日(機動隊による解除)、文学・教育学部事務室

一〇月二九日―一一月二三日（機動隊による解除）、秋田大学：教育学部事務室一月二〇日―六月一七日（教職員解除）、学生部事務室二月一四日―七月一一日（機動隊による解除）、事務局事務室六月一七日―七月一一日（機動隊による解除）、山形大学：本部事務室五月二三日―六月一一日（教職員により解除）。文部省大臣官房会計課「㊙昭和44年度（11月末現在）国立大学施設占拠の状況調べ」（北海道大学大学文書館所蔵）による。

＊23 『それぞれ』によれば、学生部長と交渉していたのは、安彦・青砥ほか一名（二八六頁）。

＊24 安彦は『原点』のなかで、九月六日の本部内における学生部長団交申し入れを、学生部長の表情も込めて、描いている（一九三頁）。解せない情景である。また大学当局の資料もこの間の経緯についてまったく触れていない（『弘前大学五十年史』資料編・第1編資料14「1969年11月11日「全学共闘会議準備会による本部封鎖―21日間の経過日録―」（『学園だより』一二号）」）。

＊25 『それぞれ』一四九頁は、「もともとデモは、集会を踏まえた本部内での代表者交渉を威圧する手段以上の意味を有しない」とのべている。この「威圧」の意味は不明だが、状況としては本部内での自治会・寮連代表者と当局との交渉に対する「威圧」と考えられる。また「〈占拠・封鎖〉を誰がどのように差配・指導したかは分からず」と吐露している。

＊26 全共闘九月一八日付ビラ「再び学友諸君へ　我々は何故本部バリケードを固守するのか」も、「封鎖闘争が六項目闘争の大衆的高揚の中にはっきりとした必然性を以てなされたものでないということを認めざるをえない」、それは「物理的挑戦」「問題提起」であり、「ある程度の権力の実体暴露と多大の流動情況をキャンパスに創出せしめたのみ」であると述べている。

＊27 安彦の同学年生は、「学生こそが社会の先頭にたって変革しなければいけない」「とにかく立ち上がらなきゃ、世直しをするしかない」と学生先駆性論に魅かれたが、「そこには思想性もなにもなく、だからこそ、私は

共鳴しました」と回顧している（『原点』一二七頁）。全共闘の無思想性は欠陥であると同時に魅力でもあった。安田講堂事件で逮捕されることになる『こんみゆん』メンバーは「とにかく行動しなきゃ」と思い、手作りの「ベトナム反戦」のゼッケンを着け弘前市内を練り歩いたという（『原点』一五五頁、『革命』一九七頁）。

＊28　社会科学研究会機関誌『赤い太鼓』創刊号（一九六九年九月一一日付）は「学生の階級的基盤と全共闘の階級的基盤」「封鎖の没論理性」「民主主義破壊の論理」「学生自治会の果しうる階級的任務」を論じ、学生自治会の階級性・革命性を強調している。

＊29　これより先、三沢の反戦喫茶店「ＯＷＬ」の経営に弘大生が加わっている（『それぞれ』五五二―五五三頁）。

＊30　全共闘武装行動委員会や反帝武装行動委員会は米軍三沢基地闘争に参加している（弘前大学三沢闘争委「三沢基地闘争報告　長沼を闘う北海道の同志達へ」『極北の思想』三号、北海道解放大学出版会、一九七〇年）。

＊31　『岩岡斗争小史』岩岡教官の単位攻撃の真相を究明する会、一九七三年、『弘前大学五十年史』通史編・第1編第3章第3節「保健体育単位問題」、『鵬の歌』参照。

＊32　全共闘も「弘大全共闘の再建は沖縄闘争を軸として着手されなければならない」と述べる（『弘大新聞』一九七〇年五月一一日付創刊号論説「沖縄闘争を担う組織実体として全共闘を再建せよ！」）。

＊33　前掲『雪解け道』の中で、民青・反民青の対立を制して、教員が「何十年もしてから、一度話し合ってみたいものです」とつぶやく印象深いシーンがある（二二二頁）。

終章

＊1　三陸地震に関する最新の研究として、伊藤大介「昭和三陸津波と東北帝国大学」『東北大学史料館紀要』九号、二〇一四年。

＊2 『朝日新聞』一九五三年一〇月二四日付「東北の凶作 下・農家の声」。
＊3 日本歴史地理学会編『奥羽沿革史論』仁友社、一九一六年。
＊4 拙著『続・東北―異境と原境のあいだ―』中公新書、二〇〇七年。
＊5 斎藤信策編『樗牛全集』第三巻、文芸及史伝下、博文館、一九〇六年。
＊6 『岩手日報』一九〇九年一〇月六日付「百回通信 二一」。
＊7 かつて川崎勝「復県・分県・再置県の思想」『日本通史月報9』岩波書店、一九九四年、は府県の分合をめぐる地域内対立が国家意志を希薄化させていると述べて、民族的契機にとどまらない国家相対化の可能性を示唆したが、地域内対立による国家意志の濃厚化、国家同質化の可能性も考えなくてはならないだろう。
＊8 石川栄耀『国土計画―生活圏の設計―』河出書房、一九四二年。
＊9 その他、『東北醸造家銘鑑』『福島県年鑑』『福島県史料集成』等がある。
＊10 樅の木会・東電原子力会編『福島第一原子力発電所一号機運転開始三〇周年記念文集』二〇〇二年。中嶋久人『戦後史のなかの福島原発』大月書店、二〇一四年、一一八頁より再引。原子力政策の普及の一例として、拙稿「『アトムの子』はいかにつくられたか？」『アリーナ』二一号、二〇一八年、参照。
＊11 原発工事を請け負った熊谷組の重役リストに彼の名を見出すことができる。
＊12 双葉郡の原発問題に関しては、高岡裕之「原子力発電所と地域統合―福島県双葉地域に関する統計的考察―」大門正克ほか編『「生存」の歴史と復興の現在 3・11 分断をつなぎ直す』大月書店、二〇一九年、所収、参照。
＊13 最近の研究によれば、一九四九年六月、「あの時から―瓦礫の町、世界の広島は有頂天になつた」と書き出し、被爆都市ヒロシマを批判的にうたう詩（遠藤ひさと「あの人達は鐘をたたきがつてゐる」）の出現が指摘さ

れている。広島市文化協会文芸部会編『占領期の出版メディアと検閲　戦後広島の文芸活動』勉誠出版、二〇一三年、三〇―三一頁。

＊14　一九九三年刊。初出は『新潮45』一九九二年一〇月号「会津人の書く会津戦争　ヒロシマのピカドンと同じ惨劇」。田中悟『会津という神話―〈二つの戦後〉をめぐる〈死者の政治学〉―』ミネルヴァ書房、二〇一〇年、一八一頁より再引。

＊15　それが容易には国家に対する"counter-history"（反＝歴史）や"counter-memory"（反＝記憶）にならなかった点については、Hiraku Shimoda（下田啓）, *Lost and Found: Recovering Regional Identity in Imperial Japan*, Harvard University Press, 2014、参照。

＊16　東日本大震災から一〇年が経って、あらためて〈植民地〉認識が浮上している。赤坂憲雄「東北『内なる植民地』」『朝日新聞』二〇二一年三月一一日付、参照。

初出一覧

序　章　「『3・11』震災と歴史・社会・文学」『社会文学』三六号、二〇一二年

第一章　「地域史の射程と課題―日本史の立場から―」伊原弘・市來津由彦・須江隆編『中国宋代の地域像　比較史からみた専制国家と地域』岩田書院、二〇一三年

第二章　「戊辰戦争・明治維新一五〇年と東北」『現代思想』四六巻九号、二〇一八年

第三章　「東北史から全体史へ―格差の歴史、序列の歴史、差別の歴史―」『部落問題研究』二二五号、二〇一八年

第四章　「創られた〈東北〉　東北凶作と東北研究」入間田宣夫監修熊谷公男・柳原敏昭編『講座東北の歴史　第三巻境界と自他の認識』清文堂出版、二〇一三年

第五章　「昭和初期の『東北飢饉』をどうとらえるか」『JunCture　超域的日本文化研究』一一号、名古屋大学大学院人文学研究科附属超域文化社会センター、二〇二〇年

第六章　「北方の海軍基地大湊―水雷団・要港部・警備府―」坂根嘉弘編『軍港都市史研究　Ⅵ要港部編』清文堂出版、二〇一六年

第五章　「『たいまつ』と東北―むのたけじの世界戦略―」『社会文学』四九号、二〇一九年

第六章　「野崎孝と関戸嘉光」『アリーナ』二〇号別冊、中部大学、二〇一七年

第七章　「東北自由民権運動研究史の再検討―精神史の提唱をめぐって―」友田昌宏編『東北の近代と自由民権　「白河以北」を越えて』日本経済評論社、二〇一七年

第八章　「津軽と大学闘争―一九六九年前後の弘前大学―」『アリーナ』二二号、二〇一九年

終　章　「福島論―もう一度、〈始点〉に立って見つめ直す―」大門正克・岡田知弘・川内淳史・河西英通・高岡裕之編『「生存」の歴史と復興の現在　3・11 分断をつなぎ直す』大月書店、二〇一九年

あとがき

校正中に夢を見た。久しぶりにお会いした東北史の泰斗から、「東北史論とはずいぶん大きく出たものだね」と声をかけられた。こういう夢はよく憶えているものである。お世話になった恩師の夢もよく見る。明治維新史の大家T先生は、若い学生たちの前でこう諭された。「河西クンは以前わけのわからぬ論文ばかり書いていたが、最近なんとかわけがわかるようになった」。自由民権運動史の草分けN先生はひとことも言葉を発せられず、静かに紫煙をくゆらせるばかりだった。天上からいまなお見下ろしてくださっているだろうか。

弘前大学時代の恩師、若くして逝かれた沼田哲先生にはなかなかお目にかかれない。一九七〇年代前半、齢が一回りほどしか離れていなかったので、私たちは先生を兄貴と慕った。ほんの数年のご指導の中で、歴史研究者という〈楽しい職業〉について教えてもらい、先生が青山学院大学に転出されてからも、ひとかたならぬお世話になった。

本書は二〇一一年の東日本大震災以降、さまざまな場に発表した東北史関係の論考をベースに、近代東北史についてあらためて論じたものである。思い返せば、四〇年以上も近代東北史にこだわってきた。スタートは卒論の焼き直し「明治期地方政治思想における地域性」（弘前大学国史研究会『国史研究』六八・六九号、一九七九年）である。沼田先生に卒論の相談にうかがった際、地域のことをやりなさいと言われたような気がして、手探りで近代青森県史を勉強し、明治期に創刊された『東奥日報』の分析のマネゴトをした。汗顔至極なシロモノなので、間違っても読まれぬよう。しかし、面白いものでこのときのモチーフ「思想の地域性」が以後の研究を規定した。「三つ子の魂百まで」「雀百まで踊り忘れず」。要するに第一作を越えていない。

卒論は「第二維新」や「東北人士」を論じることで、明治維新で敗者となった東北地方がどのような歴史認識や主体性を形成しながら、近代をくぐり抜けていったのかを考えた。思えば、背景には通っていた弘前大学が当時の入試制度では二期校であり、学生たちは欝々とした落武者集団だという偏見――「意外と明るいんだネ」と当時人気の進歩的哲学者が語ったことをいまだに忘れない――を感じたことがあるかもしれない。その後、立命館大学大学院で修士論文「『民党』形成期の〈地方〉論の動向と背景」（一九七九年）をまとめて〈地方〉論という視角を設定し、さらに北海道大学に提出した博士論文「近代日本における地域思想の展開過程」（一九九四年）以降、なんとか今日まで地域思想史という地平を歩き続けてきた。

これまで多くの方々に蒙を啓いていただいた。すべての方のお名前を記すことはできない。紙幅の関係からしぼらざるをえないことをお許し願いたい。第一は、谷本晃久氏（北海道大学教授）をはじめとする北海道・東北史研究会のみなさん。東北の歴史を広く北海道を含めた広域の北方社会、東アジアの中でとらえることを学んだ。アイヌ史への接近は同研究会抜きには考えられない。第二は、東日本大震災による東北史の破壊と回復を、「生存」という視点から歴史実践的に考え直そうとする「七人の侍」の仲間、石井勤・大門正克・岡田知弘・角田三佳・川内淳史・高岡裕之の各氏。多角的な視点をもつ必要性を常に教わっている。第三は、沼田門下の畏友浪川健治氏（筑波大学名誉教授）。ともに大学院をめざして刻苦勉励し、その後も共同研究を重ねた。東北近世史を専門とする浪川氏からは今なお多くの刺激を得ている。

現在、大学は変質に変質を重ねており、これへの対抗と転換はますます重要となっているが、個人的には幸い良き職場と優しき人々に恵まれた。原稿執筆開始直後の二〇二〇年一一月には、東北大学日本思想史講座で「東北思想の系譜と射程」と題して集中講義を行った。コロナ禍により東北での史料調査や研究交流が思うように出来ない中、若き知性に東北史論を引き継ぐという願ってもない機会を作っていただいた引野恭輔氏に感謝したい。

東北の地は、私にとってたんに研究対象ではなく、世界史の〈始点〉である。そこに吹く風に身をまかせ、光に包まれ、まどろみたいと願う私は、基本的に〈東北主義者〉なのかもしれない。そんな願いを込めた本書の執筆に際しても、これまで同様家族の協力があった。パートナーの富美子、息子の陽平、および悠佑と彼のパートナーちひろ、ありがとう。

最後に、有志舎の永滝稔氏に厚くお礼を申し上げたい。永滝氏は沼田先生の青山学院大学時代のゼミ生なので、私たちは〈義兄弟〉である。昨年秋に本書のお話しをいただいたとき、正直うれしかった。二〇二一年は東日本大震災から一〇年目ということもあり、私なりに節目をつけるべく、勇んでお引き受けした次第である。

四〇年以上かけて、ようやくサイクルを結べた。願わくは、「お前たち、よくやった！」とあの懐かしい笑顔で沼田哲先生が夢の中に現れんことを。

二〇二一年七月一日　　東広島にて

河西英通

著者略歴
河西英通（かわにし　ひでみち）
1953年生まれ
北海道大学大学院文学研究科博士後期課程単位取得満期退学、博士（文学）
現在、広島大学名誉教授、広島大学森戸国際高等教育学院特任教授
主書：『東北―つくられた異境―』（中公新書、2001年）
『続・東北―異境と原境のあいだ―』（中公新書、2007年）
『「東北」を読む』（無明舎出版、2011年）
Tōhoku: Japan's Constructed Outland（Brill、2015年）
『「社共合同」の時代―戦後革命運動史再考―』（同時代社、2019年）

東北史論
過去は未来に還元する

2021年9月30日　第1刷発行

著　者　河西英通
発行者　永滝　稔
発行所　有限会社　有　志　舎
〒166-0003　東京都杉並区高円寺南4-19-2
クラブハウスビル1階
電話　03(5929)7350　FAX　03(5929)7352
http://yushisha.webnode.jp
DTP　閏月社
装　幀　伊勢功治
印　刷　株式会社シナノ
製　本　株式会社シナノ

ISBN978-4-908672-51-4